Prof. Dr. Volker Pudel

Das Fett-weg-Programm

HamppVerlag

Bildnachweis:
Umschlagfotos: vorne: Zefa (Jim Boorman); hinten: Istockphoto (Eirik Vassvag)
Fotos: AOK Mediendienst: 39 (Stephan Funk), 48; CMA, Bonn: 35; Hampp Verlag: 9, 20, 22, 67, 92; HVBG: 45, 68; Istockphoto: Lane Collins 72, Jodie Coston 53, Diane Diederich 27, Page Foster 58, Oleg Prikhodko 78, Amanda Rohde 23, 28, Rob Sylvan 10, Leah-Anne Thompson 52; Käflein, Achim: 73; Metro AG: 13, 69; mt-color: 26; Photodisc: 33, 42, 43, 60, 66, 74; Pudel, Volker (Privatfoto): 8; Unilever Bestfoods GmbH: 64, 84; Verband Deutscher Putenerzeuger e. V.: 46.

Herausgeber: AOK Sachsen – Die Gesundheitskasse Dresden
Projektleitung: Jürgen Mann, Ulrich Lenz, Hampp Media GmbH
Redaktion: Alexandra Büning, Kai Fischer, Melanie Schölzke, Hampp Media GmbH
Layout: Andrea Burk, Reutlingen
Herstellung: Tina Schröder, Hampp Media GmbH
Illustrationen: Stefan Ohmstede, Hannover
Covergestaltung: Parzhuber & Partner – Agentur für Marketing GmbH, München
Satz: pws Print und Werbeservice Stuttgart GmbH
Repro: POINT prepress, Stuttgart
Druck und Bindung: Sachsendruck GmbH, Plauen

ISBN: 3-936682-31-3

Printed in Germany

Über weitere Bücher des Verlags können Sie sich informieren unter:
www.hamppverlag.de

Liebe PfundsKur-Teilnehmerin, lieber PfundsKur-Teilnehmer,

vor dem Hintergrund, dass jeder fünfte Sachse übergewichtig ist und die Krankenkassen jährlich 45 Milliarden Euro für ernährungsbedingte Erkrankungen ausgeben, führen die AOK Sachsen und MDR 1 RADIO SACHSEN und MDR SachsenSpiegel im Frühjahr des Jahres 2005 gemeinsam die dritte PfundsKur im Freistaat Sachsen durch. Nicht nur der eine oder andere Erwachsene bringt mehr Gewicht auf die Waage, als ihm lieb ist, zunehmend sind auch unsere Kinder zu dick. Die Anzahl übergewichtiger Kinder hat sich in den letzten Jahren verdoppelt. Als Erwachsene und Eltern sind wir gefordert, für Heranwachsende Vorbild zu sein – auch was eine gesunde Lebensweise und ein ausgewogenes Ernährungsverhalten anbelangt.

Grundlegendes Anliegen der PfundsKur ist – ganzheitlich betrachtet – die Gesundheit für Körper, Geist und Seele. In diesem Sinne geht es um „Mehr Lust auf Leben“, um Lebensfreude und -genuss, mit dem Ziel, ein individuelles Wohlfühlgewicht zu erreichen.

Bewusste Ernährung und gezielte Bewegung bilden die Grundpfeiler der PfundsKur, die über einen Zeitraum von zehn Wochen die richtige Anleitung für eine dauerhafte Ernährungs- und Lebensgewohnheitsumstellung ist.

Um dauerhaft sein Gewicht zu halten, ist regelmäßiges, sinnvolles Bewegungstraining genauso wichtig wie die Umstellung der zum Übergewicht führenden Ernährungs- und Lebensgewohnheiten. Daher stimmen mich die Ergebnisse der PfundsKur 2003 optimistisch. So gaben über 70 Prozent der Befragten an, sich mehr zu bewegen, und rund 90 Prozent der Befragten essen fettärmer. Seit der ersten PfundsKur 2001 wurden insgesamt über 64 000 Kilogramm Körpergewicht abgebaut.

Als sächsische Gesundheitsministerin übernehme ich gerne die Schirmherrschaft für die PfundsKur 2005 und wünsche Ihnen als Teilnehmer dauerhafte Erfolge, die mit einem Gewinn an Gesundheit und Lebensfreude verknüpft sind.

Helma Orosz
Sächsische Staatsministerin
für Soziales

Sehr geehrte Damen und Herren,

es ist wieder so weit: Die PfundsKur startet mit viel „Lust auf Leben in Sachsen“ in eine neue Runde. Die große Gesundheitsaktion von AOK Sachsen, MDR 1 RADIO SACHSEN und MDR SachsenSpiegel macht sich erneut auf die Suche nach den „Fettaugen“ im Essen und bringt mehr Bewegung in den Alltag. Mit im Partnerboot sitzen der Landessportbund sowie die Freie Presse, die sächsische Zeitung und die Leipziger Volkszeitung.

Nach der überwältigenden Resonanz auf die zurückliegenden Aktionen freuen wir uns, Ihnen auch in diesem Jahr viel Wissenswertes für mehr Gesundheit und Wohlbefinden näher bringen zu können.

Über 80 Prozent der bisherigen Teilnehmer gaben bei einer Umfrage an, nunmehr gesundheitsbewusster einzukaufen. Für viele sächsische Produzenten Anlass genug, die PfundsKur ein weiteres Mal zu unterstützen, allen voran Bäcker, Fleischer und Lebensmittelhändler.

Neben den ernährungswissenschaftlichen Aspekten legt die PfundsKur erneut ihr Augenmerk auch auf mehr Bewegung. Mit Prof. Dr. Volker Pudel und Prof. Dr. Wolfgang Schlicht stehen dafür zwei Experten zur Verfügung, die praktische Tipps und Tricks zur richtigen Ernährung und körperlichen Betätigung im Alltag geben.

Nicht ohne Grund hat die Stiftung Warentest der Aktion inzwischen das Prädikat „uneingeschränkt empfehlenswert“ verliehen. Im Hinblick auf den unüberschaubar gewordenen Markt der Gesundheitsangebote ist das eine schöne Bestätigung für die fundierte Herangehensweise der PfundsKur.

Nutzen Sie diese professionellen Tipps Ihrer Gesundheit zuliebe. Machen Sie mit bei den landesweit angebotenen AOK-PfundsKur-Kursen. Lernen Sie dabei die praktische Umsetzung einer optimalen Ernährung und entwickeln Sie für sich das richtige Maß Ihrer persönlichen Bewegung.

Entdecken Sie die gesunde Lebensweise – „Lust auf Leben in Sachsen“!

Wir wünschen Ihnen viel Erfolg.

Rolf Steinbronn
Vorstandsvorsitzender
AOK Sachsen

Ulrike Wolf
Direktorin
MDR LANDESFUNKHAUS SACHSEN

Einen Augenblick, bitte …

… bevor Sie weiterlesen. Ich möchte mich Ihnen kurz vorstellen, damit Sie wissen, wer der Ernährungspsychologe „hinter" der PfundsKur ist. Seit 35 Jahren leite ich an der Universität Göttingen im Zentrum „Psychosoziale Medizin" die ernährungspsychologische Forschungsstelle. Mit meinem Team erforsche ich dort alles, was mit Essen und Trinken, mit Übergewicht und Essstörungen zu tun hat. Sieben Mal hat es bereits eine große PfundsKur-Kampagne gegeben, an der mehrere hunderttausend Teilnehmer in Baden-Württemberg und Sachsen aktiv mitgemacht haben. Und in jede PfundsKur fließen die neuesten Ergebnisse der wissenschaftlichen Forschung mit ein, damit Sie davon unmittelbar profitieren.

Die PfundsKur 2005 ist wieder ein Zehn-Wochen-Programm mit ausführlichen Informationen, Fragebögen und Wochenaufgaben. Bitte lesen Sie – am besten immer sonntags – das nächste Kapitel. Dann sind Sie fit für die kommende Woche und wissen genau, welche Aufgaben und Themen auf Sie warten. Wenn Sie das Buch wie einen Roman lesen, kommt viel zu viel auf einmal auf Sie zu. Daher mein Rat für einen optimalen Erfolg: Gehen Sie Kapitel für Kapitel, Woche für Woche vor.

Zur PfundsKur 2005 gibt es neben diesem Fett-Weg-Programm zwei weitere Bücher: das „PfundsKur-Kochbuch" von Ewald Braden und das speziell entwickelte „PfundsKur-Aktiv-Programm" von Professor Dr. Wolfgang Schlicht. Ich empfehle Ihnen, sich alle drei Bücher zu kaufen, denn nur so sind Sie über alle Aspekte der PfundsKur 2005 – Wochenplanung, Essen, Kochen sowie Bewegung – bestens informiert.

Ich wünsche Ihnen viel Freude während der PfundsKur und mehr Lust auf Leben. Nutzen Sie die dicke Chance für die schlanke Linie!

Herzlichst
Ihr

V. Pudel

Prof. Dr. Volker Pudel

Inhalt

Inhalt

1. WOCHE

Start frei zur PfundsKur

Volker Pudel
Prof. Dr. Volker Pudel ist seit Beginn dieser Präventionsaktion wissenschaftlicher Leiter der PfundsKur. Deutschlands bekanntester Psychologe für Essen und Trinken leitet die ernährungspsychologische Forschungsstelle der Universität Göttingen und beschäftigt sich seit über 30 Jahren mit dem Essverhalten von Erwachsenen und Kindern und den Ursachen von Übergewicht, Magersucht und anderen Essstörungen. Viele Jahre war er Präsident und Vizepräsident der Deutschen Gesellschaft für Ernährung.

Volker Pudel Hallo Anke, Sie sind wieder bei der PfundsKur? Hatten Sie beim letzten Mal denn keinen Erfolg?

Anke Meister Natürlich hatte ich Erfolg, sonst wäre ich nicht mehr dabei. Aber eine Auffrischung kann ich gut gebrauchen.

Volker Pudel Wie war's denn beim letzten Mal?

Anke Meister Spannend! Ich habe Fettaugen gezählt und schließlich zwölf Kilogramm abgenommen. Ich war glücklich. Leider sind vier Kilo wieder zurückgekommen. Das muss dieses Mal anders werden.

Volker Pudel Wissen Sie denn, weshalb Sie diese vier Kilogramm wieder zugelegt haben?

Anke Meister Klar, ich bin einfach nachlässiger geworden, habe nicht mehr so auf's Fett geachtet. Na ja, zugegeben, bewegt habe ich mich nach Ende der PfundsKur auch wieder weniger.

Volker Pudel Es stimmt schon, wenn ich sage, dass die PfundsKur anfängt und eigentlich nie mehr aufhört. Die PfundsKur ist etwas für's ganze Leben.

Anke Meister Das habe ich jetzt auch erfahren. Aber mit den acht Kilogramm, die ich über die letzten zwei Jahre gerettet habe, bin ich sehr zufrieden.

Volker Pudel Sie sehen das völlig richtig, Anke. Damit können Sie auch wirklich zufrieden sein. Abnahmerekorde, die bald zum Jo-Jo-Effekt führen, will ja keiner erzielen. Lieber etwas weniger abnehmen, dafür aber das Gewicht viele Jahre halten.

Start frei zur PfundsKur

1. Woche

Anke Meister Ich möchte jetzt aber unbedingt noch weitere sechs Kilo abnehmen. Geht das?

Volker Pudel Sie haben gute Aussichten, Ihr Ziel zu erreichen, denn Sie kennen die PfundsKur-Regeln. Mehr Bewegung im Alltag, Augenmaß beim Fett, und satt essen mit Kohlenhydraten.

Anke Meister Das war eine tolle Erfahrung: abnehmen und dennoch satt sein. Und das Fettsparen ist gar nicht so schwer, denn schließlich geht es nicht darum, überhaupt kein Fett mehr zu essen.

Volker Pudel Nein, das wäre auch ungesund und nicht genussvoll. Der Körper braucht Fett und die Zunge liebt es, denn Fett verstärkt den Geschmack.

Anke Meister Das stimmt. Aber ich weiß jetzt, dass auch die fettärmeren Gerichte richtig gut schmecken. Früher habe ich oft große Fettmengen verbraucht, ohne es zu wissen. Ich habe einfach nicht darauf geachtet. Aber mal ehrlich: Wer hat schon einen genauen Überblick darüber, was er isst und trinkt?

Volker Pudel Das ist ein wichtiger Punkt, liebe Anke. Ich schlage vor, Sie starten genau wie alle neuen PfundsKur-Teilnehmer in der ersten Woche mit dem „Tagebuch Essen und Trinken" und notieren, welche Lebensmittel und Speisen Sie über die Woche zu sich nehmen. Denn am Anfang jeder PfundsKur steht die Selbsterkenntnis: Wie viel Fett esse ich überhaupt?

Anke Meister
Anke Meister ist 30 Jahre alt und möchte ihr Körpergewicht um sechs Kilogramm reduzieren. Erreichen will sie das mit dem PfundsKur-Fettweg-Programm und dem PfundsKur-Aktiv-Programm. Anke hat vor zwei Jahren schon einmal erfolgreich an der PfundsKur teilgenommen und dabei zwölf Kilo abgenommen.

Anke Meister Gut. Und sonst ist alles wie bei der letzten PfundsKur? Will sagen, ich lese die einzelnen Wochenkapitel immer sonntags und erfahre so mein Programm für die folgende Woche?

Volker Pudel Richtig! Sie als erfahrene PfundsKur-Teilnehmerin wissen, dass wir in kleinen Schritten vorgehen. Nicht das ganze Buch in einem Rutsch lesen, sondern ein Kapitel pro Woche. Ich wünsche Ihnen und allen PfundsKur-Teilnehmern einen gelungenen Start.

Die PfundsKur beginnt

Herzlich willkommen zur ersten Woche der PfundsKur: Zehn Wochen lang werden Sie essen, trinken und sich bewegen, um eine gute Figur zu machen. Diese zehn Wochen sind ein Training mit neuen Aufgaben und Erfahrungen. Danach werden Sie sich „pudelwohl" fühlen. Denn die PfundsKur hat nur einen Anfang – aber kein Ende. Die PfundsKur wird Ihnen Spaß machen, Ihnen neue Erkenntnisse über sich und Ihre Essgewohnheiten bringen und Ihnen ein anderes, besseres Lebensgefühl vermitteln. Also, starten wir die PfundsKur – mit einem kleinen historischen Rückblick.

Gehen Sie an den Start: Zehn Wochen bewusster essen und regelmäßig bewegen, für mehr Lust auf Leben.

Als Hunger herrschte

Noch 1840 – also vor weniger als 200 Jahren – litten die Menschen in Europa, insbesondere in Irland, unter einer drastischen Hungersnot. Hunderttausende kamen dabei ums Leben, Hunderttausende flüchteten in die USA. Heutzutage ist es für uns kaum vorstellbar, dass in unserer Region Menschen starben, weil sie nichts zu essen hatten.

Hunger aber war immer der schreckliche Begleiter der Menschheitsgeschichte. Über Jahrtausende hat die Natur ihre Programme entwickelt, damit Lebewesen auch Notzeiten überstehen können. Die lebensrettende Erfindung war das Fettspeicherprogramm, ohne das die Menschheit längst ausgestorben wäre.

Der geniale Fettspeicher

Jede Kalorie, die nicht unbedingt zum Leben gebraucht wird, speichert der Organismus als Energiereserve in den Fettzellen. Diese „nimmersatten" Speicher sind in der Lage, sich fast beliebig aufzuplustern, um überschüssige Nahrungsenergie aufzunehmen. Und sind die Fettzellen doch einmal voll, wird einfach eine neue Zelle gebildet. Von 20 Kilogramm Fettreserven, das sind immerhin mehr als 180 000 Kilokalorien, lässt sich beispielsweise knapp 100 Tage leben. So stimmt es wirklich, dass „Dicke" in Notzeiten etwas zuzusetzen haben, um dem Hungertod zu entkommen.

In den Genen verankert

Dieses geniale Fettspeicherprogramm ist – wie wir heute wissen – in den Genen jedes Menschen gespeichert. Eineiige Zwillinge, die völlig identische Erbanlagen haben, zeigen auch als Erwachsene eine hohe Übereinstimmung in ihrem Körpergewicht – selbst wenn sie getrennt bei verschiedenen Elternpaaren aufgewachsen sind.

Gute und schlechte Futterverwerter

Mehrere eineiige Zwillingspaare, die Professor Claude Bouchard in Kanada 100 Tage lang mit 1000 Kilokalorien täglich überernährte, nahmen höchst unterschiedlich zu: zwischen vier und 14 Kilogramm. Das war der Beweis dafür, dass es tatsächlich „gute" und „schlechte Futterverwerter" gibt. Die Tatsache, dass die Geschwister eines Pärchens jeweils sehr ähnlich zunahmen, belegt, dass auch die Fähigkeit, schneller oder eher langsam zuzunehmen, in den Erbanlagen eines Menschen gespeichert ist.

Der Körper reguliert das Gewicht

Heute gibt es keinen Zweifel mehr daran, dass das Körpergewicht durch biologische Programme im Organismus reguliert wird. Wer zunehmen kann, beweist damit offenkundig, dass seine inneren Programme „in Ordnung" sind. Die Fähigkeit zur Fettspeicherung – von der Natur entwickelt, um der Menschheit eine Überlebenschance zu geben – wird allerdings zu einem gesundheitlichen Risiko, wenn ihr Vorteil nicht mehr genutzt werden muss. Wenn Notzeiten ausbleiben und volle Supermärkte normal sind, kann das ursprünglich lebenswichtige Speicherprogramm zur Krankheit werden. Mittlerweile gelten 67 Prozent der deutschen Männer und jede zweite Frau als übergewichtig. Ihr Risiko eine Herzattacke oder einen Schlaganfall zu erleiden, ist um über 90 Prozent erhöht.

Info

Die PfundsKur und Diabetes

Für Typ-2 Diabetiker (auch Altersdiabetes oder Diabetes mellitus genannt) ist die PfundsKur geeignet, denn die Gewichtsabnahme verbunden mit mehr Bewegung ist die wirksamste Therapie. Einzelheiten sollten Sie aber in jedem Fall mit Ihrem Arzt besprechen.

Schicksal Übergewicht?

Trotzdem ist niemand seinem Übergewicht schicksalhaft ausgeliefert! Zum Füllen der Fettspeicher gehören immer zwei: erstens das Erbprogramm und zweitens die Umwelt. In der Nachkriegszeit zum Beispiel war Übergewicht so extrem selten wie Herzinfarkte oder Gicht. Die Erbprogramme der Menschen waren allerdings die gleichen wie heute. Doch einerseits war Schmalhans Küchenmeister und andererseits wurde von den Menschen viel körperliche Aktivität verlangt.

Wer also Übergewichtige in seiner Familie hat, muss nicht resignieren: Mit richtiger Ernährung und entsprechender Bewegung nutzt man die dicke Chance für eine schlanke Linie. Das genau will die PfundsKur mit Ihnen in den nächsten Wochen trainieren. Sie ist damit ein Training gegen die biologischen Programme, die nicht wissen können, dass nicht Notzeiten herrschen, sondern Überfluss.

Nicht das Übergewicht selbst ist vererbt – nur die Veranlagung zu Übergewicht.

Wer ist schuld am Übergewicht?

Jahrelang gaben Ärzte, Ernährungsberater, aber auch die Öffentlichkeit den Übergewichtigen die Schuld an ihrem Gewicht: „Die sollen halt weniger essen!" Man unterstellte ihnen Charakterschwäche und ein mangelndes Durchhaltevermögen. So wiesen auch wissenschaftliche Studien nach, dass Menschen sofort abnehmen, wenn sie nichts mehr essen. Das nährte die Überzeugung von der „Kalorienbilanz". Doch diese „Theorie" gab nur die halbe Wahrheit wieder. Denn was passierte mit den Patienten, die mit „Null-Diäten" behandelt wurden? Sie nahmen ab – klar. In einem Monat sogar durchschnittlich 12,5 Kilogramm. Erst als Ulmer Ärzte genau analysierten, worauf dieser Gewichtsverlust basierte, wurde die hartnäckige Schuldtheorie aufgeweicht. Diese 12,5 Kilogramm kamen zustande durch 43 Prozent Fett- und 37 Prozent Muskelabbau sowie 20 Prozent Wasserverlust.

Der Körper sichert Überleben

Selbst unter der absoluten Notzeit einer Null-Diät zehrt der Körper also nicht sofort die Fettreserven auf, sondern „ernährt" sich zu einem großen Teil vom Eiweiß der Muskeln. Das ist übrigens bei vielen „Diäten" der Fall, was auch erklärt, warum es so häufig zum Jo-Jo-Effekt kommt: Beendet man die Diät, baut der Körper Muskeln wieder auf und hält Wasser zurück – ein ganz natürlicher Prozess. Von einer „Schuld" der Übergewichtigen kann also keine Rede sein.

Für unseren Organismus ist das „Reservefett" an Bauch, Hüften, Po und Oberschenkeln die Lebensversicherung für karge Zeiten. Wer in Zeiten des Überflusses diese Notreserven abbauen will, darf gerade das Eine nicht tun, wofür diese Notpolster von der Natur gedacht sind – nämlich Notzeit spielen. Alle Kaloriendiäten aber simulieren eine Notzeit, ob sie nur 1000 Kalorien täglich liefern oder nur Eier, Steaks oder Äpfel servieren. So wird der Jo-Jo-Effekt programmiert und die ganze deutsche Nation, die millionenfach Diäten durchlitten hat, beweist: Die Deutschen werden immer dicker.

Achtung

Langsam abnehmen

Je häufiger Sie eine Diät machen und je drastischer Sie die Energiezufuhr drosseln, desto zäher verteidigt der Körper seine Reserven und desto mühseliger wird es abzunehmen. Um den Jo-Jo-Effekt zu umgehen, müssen Sie Ihren Körper langsam daran gewöhnen, langfristig mit weniger Nahrungsenergie auszukommen.

Essen ist Genuss

„Essen hält Leib und Seele zusammen", sagt der Volksmund treffend – und er hat Recht. Ohne Nahrungsaufnahme gibt es kein Leben. Damit Menschen auch essen, hat die Natur den Geschmack erfunden, der die bloße Nahrungsaufnahme zu einem Erlebnis werden lässt. Im Extremfall sorgt ein unangenehmes Hungergefühl dafür, dass wir unseren Organismus mit Energie versorgen. Im Schlaraffenland ist aber bereits der Appetit die treibende Kraft, die uns zum Essen motiviert.

70 Prozent aller Deutschen halten sich – was das Essen angeht – für Genie-

Nie war das Angebot größer. Über 240 000 verschiedene Lebensmittel stehen dem Verbraucher heute zur Auswahl.

ßer. Das „gute Essen zu Hause“ rangiert auf Platz vier in der Rangliste aller Lebensgenüsse – nur übertroffen von „Urlaub“ (Platz 1), „Familie“ (Platz 2) sowie „Liebe und Sex“ (Platz 3). Aber nur bis zum Alter von 32 Jahren, dann drängt sich das „gute Essen“ auf Rang drei vor.

Essen ist das häufigste Verhalten – mindestens dreimal am Tag wird gegessen. Über 240 000 verschiedene Lebensmittel sind am deutschen Markt. Aber kaum 10 Prozent des Einkommens werden heute ausgegeben, um gut zu essen und zu trinken. In den fünfziger Jahren zahlten die Verbraucher etwa 40 Prozent ihres Einkommens, um satt zu werden. Heute regieren Discountpreise im Supermarkt. Essen und Trinken waren noch nie so preiswert wie heute.

Paradoxe Situation

Das Schlaraffenland ist paradox. Nie waren Lebensmittel sicherer als heute und trotzdem haben viele Verbraucher Angst vor gesundheitlichen Risiken durch Lebensmittel. Klar, die Schlagzeilen über BSE, Maul- und Klauenseuche oder Nitrofen lösen diese Befürchtungen aus – auch wenn es ganz andere, viel nachhaltigere Ernährungsrisiken gibt: das Übergewicht, zum Beispiel.

Paradox ist auch, dass die Wissenschaft in den letzten Jahren große Fortschritte gemacht hat, aber nun gerade viele Verbraucher auf die Botschaften von selbst ernannten Ernährungsaposteln hören. Da schwärmen sie für Trennkost, obwohl es absolut sinnlos ist, Kohlenhydrate und Eiweiß zu trennen. Die

Muttermilch – einziges Lebensmittel, das die Natur für den Menschen konzipiert hat – folgt nicht dem Prinzip der Trennkost.

Verunsicherung im Schlaraffenland

In unserer Gesellschaft schwinden die Kochkenntnisse rapide. Immer mehr Halbfertig- und Fertigprodukte kommen auf den Tisch, das so genannte Convenience-Food ist im Trend. Essen außer Haus – fast alltäglich für die meisten Deutschen. Wie soll man dabei noch den Überblick darüber behalten, was man tatsächlich isst?

Die Diskussion um Sinn und Nutzen vieler Nahrungsergänzungsmittel und Vitaminpräparate, in großflächigen Anzeigen oft als „hochkonzentriert" und „hochwirksam" angepriesen, verunsichert viele Verbraucher und lässt bei vielen unwillkürlich die Frage aufkommen: Mache ich wirklich alles richtig? Ernähre ich mich gesund?

Auf dem so genannten „Schlankheitsmarkt" tummeln sich ähnlich obskure Angebote. „Negative Kalorien" werden hier ebenso verkauft wie ein „Fettmagnet". Natürlich immer mit Garantie, doch abnehmen wird in den meisten Fällen nur der Geldbeutel. Übergewicht ist das Resultat genialer biologischer Programmierung. Den Kampf dagegen gewinnt man nicht mit Versprechungen und merkwürdigen Wundermitteln.

Die PfundsKur ist natürlich

Die PfundsKur verspricht weder Wunder noch Abnahmerekorde. Sie basiert auf Trainingsregeln, die die moderne Wissenschaft aufgestellt hat. Die PfundsKur ist erprobt und wird zum Beispiel von der Stiftung Warentest als „uneingeschränkt empfehlenswert" gelobt. Vergessen Sie also die vielen Vorurteile und starten Sie durch. Sie werden erfahren, wie angenehm gut Sie essen können und trotzdem abnehmen. Schließlich verspricht die PfundsKur Ihnen: Mehr Lust auf Leben. Und genau darauf soll es Ihnen auch ankommen.

Start in die 1. Woche

Vor dem Start in die erste PfundsKur-Woche habe ich zwei kleine Tests für Sie vorgesehen. Bitte füllen Sie zunächst den Fragebogen „Mein Essverhalten" auf der folgenden Seite aus und bestimmen Sie dann mithilfe der Grafik auf Seite 16 Ihren Body-Mass-Index. Durch diese Tests erfahren Sie mehr über sich selbst und darüber, was Sie in den nächsten zehn Wochen erwartet und wo Sie Ihre Ziele bei der PfundsKur stecken sollten.

Der Body-Mass-Index (BMI) und seine Bedeutung

Der Body-Mass-Index ist eine Kennzahl, mit der beurteilt werden kann, ob und gegebenenfalls wie viel Übergewicht Sie haben. Er errechnet sich aus der Formel: Körpergewicht geteilt durch Körpergröße im Quadrat.

$$BMI = kg : m^2$$

Sie können Ihren BMI aber ganz leicht mithilfe der Grafik auf Seite 16 bestimmen. Ziehen Sie mit dem Lineal eine Linie von Ihrer Körpergröße (links) zu Ihrem Körpergewicht (rechts). Auf der mittleren Skala können Sie dann Ihren Body-Mass-Index ablesen.

Check

Mein Essverhalten

		Ja	Nein
1.	Mindestens einmal in der Woche habe ich Süßhunger	☐	☐
2.	Mindestens einmal in der Woche habe ich Heißhunger	☐	☐
3.	Essen ist für mich kein wirklicher Genuss	☐	☐
4.	Unter meiner Figur leide ich erheblich	☐	☐
5.	Wenn ich abnehme, werde ich kaum noch Probleme haben	☐	☐
6.	Ich muss mehr als 10 Kilogramm abnehmen	☐	☐
7.	Ich habe schon mehr als drei Diäten hinter mir	☐	☐
8.	Mein Selbstvertrauen ist nicht mehr sehr groß	☐	☐
9.	Alle Versuche zusammengerechnet habe ich schon mehr als 20 Kilogramm abgenommen und wieder zugenommen	☐	☐
10.	Ich habe schon körperliche Beschwerden beziehungsweise Risikofaktoren durch Übergewicht, wie etwa Bluthochdruck, Diabetes, Gelenkbeschwerden	☐	☐
11.	Oft kann ich mit dem Essen einfach nicht aufhören	☐	☐
12.	Ich esse gerne und oft zwischendurch	☐	☐
13.	Mit Kalorien kenne ich mich eigentlich gut aus	☐	☐

Bitte zählen Sie zusammen, wie viele der 13 Aussagen Sie mit „Ja" beantwortet haben.

☐ Haben Sie mehr als fünf, aber weniger als zehn „Ja"-Kreuze, dann ist die PfundsKur goldrichtig für Sie. Das Training wird auf viele Ihrer „Problempunkte" eingehen und Veränderungen planen. Wir wünschen einen guten Start zu einer erfolgreichen PfundsKur.

☐ Wenn Sie zehn und mehr „Ja" angekreuzt haben, dann sollten Sie ganz gelassen, aber systematisch mit der PfundsKur starten. Es wird ein langes Training für Sie, denn viele Merkmale Ihres Essverhaltens erscheinen problematisch. Überfordern Sie sich nicht. In kleinen Schritten werden Sie jedoch Erfolg haben. Versprochen!

☐ Sie haben fünf oder weniger „Ja"-Kreuze? Dann wird das PfundsKur-Training für Sie nicht besonders anstrengend, denn viele Merkmale Ihres Essverhaltens sind unproblematisch.

Ganz gleich, wie viele „Ja"-Kreuze Sie gemacht haben, lesen Sie sich jetzt nochmals Ihre „Ja"-Zeilen durch und überlegen Sie sich, wie Sie diese Punkte in der übernächsten Woche ändern könnten.
Aber für die kommende Woche lassen Sie bitte alles unverändert, denn es geht um die Basiserhebung mit dem „Tagebuch Essen & Trinken".

Es gibt drei Grenzwerte, die erkennen lassen, wo Über- beziehungsweise Untergewicht anfangen: 18,5, 25 und 30. Die Bewertung Ihres BMI können Sie aus der Tabelle auf Seite 17 ablesen. Danach wissen Sie Bescheid, wo Sie sich nach übereinstimmender Meinung der Experten einzuordnen haben: Müssen Sie sich tatsächlich der Diagnose „Übergewicht“ stellen und aus gesundheitlichen Gründen abnehmen, oder geht es bei Ihnen in erster Linie darum, eine bessere Figur zu machen?

Liegt Ihr BMI allerdings unter 20, rät Ihnen die PfundsKur dringend davor ab, sich eine weitere Gewichtsabnahme vorzunehmen, denn darunter beginnt das Untergewicht. So attraktiv Modelmaße auch von vielen Menschen empfunden werden, Untergewicht birgt ernste gesundheitliche Risiken wie etwa Kreislaufprobleme oder erhöhte Infektanfälligkeit. Wir werden in der 3. Woche noch einmal auf Ihren BMI zurückkommen, wenn es um die genauere Bestimmung Ihres Zielgewichtes geht.

Body-Mass-Index (BMI)

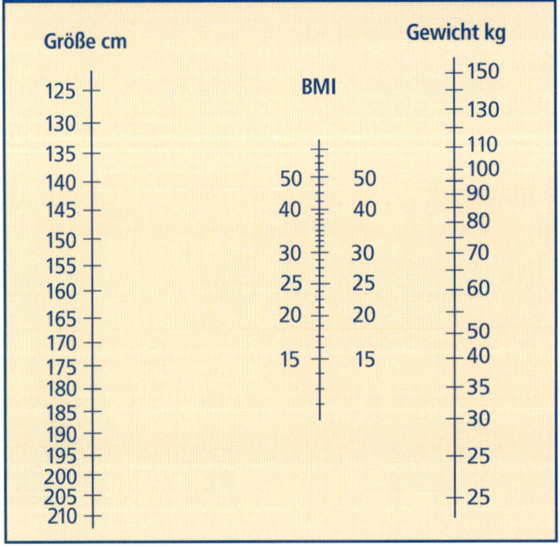

Aufgabe für die 1. Woche

In der kommenden Woche wartet eine wichtige Aufgabe auf Sie – sozusagen die Basisarbeit. Sie lautet: Essen und trinken Sie ganz normal, so wie Sie es bisher gewohnt sind, und führen Sie Buch darüber. Das klingt einfach, aber nehmen Sie die Aufgabe nicht auf die leichte Schulter, denn sie dient dazu, Ihre Ausgangssituation zu bestimmen. Je sorgfältiger Sie diese Basisarbeit erledigen, desto mehr Erkenntnisse für Ihr weiteres Training werden Sie gewinnen.

Tagebuch führen

Am Ende dieses Buches finden Sie das „Tagebuch Essen & Trinken“. In dieses Tagebuch tragen Sie bitte alles ein, was Sie in den kommenden sieben Tagen essen und trinken. Über 100 Lebensmittel und Getränke sind dort mit einem Foto aufgeführt. Neben jedem Foto finden Sie eine Zeile, in der Sie Ihre Strichliste für dieses Lebensmittel führen. Anfangs werden Sie sicher etwas suchen müssen, bis Sie ein bestimmtes Lebensmittel gefunden haben. Aber schon nach ein paar Tagen werden Sie sich in Ihrem „Tagebuch Essen & Trinken“ gut auskennen.

Aufgabe für die 1. Woche

1. Woche

Was der BMI bedeutet

BMI	Bedeutung	Empfehlung
unter 18,5	eindeutig Untergewicht	Gewichtszunahme; jede weitere Gewichtsabnahme ist gefährlich.
zwischen 18,5 und 25	Normalgewicht	Gewicht halten
zwischen 25 und 30	mäßiges Übergewicht	Abnehmen, vor allem wenn Risikofaktoren wie etwa Diabetes, Bluthochdruck, Gelenkbeschwerden, Leidensdruck vorliegen.
über 30	starkes Übergewicht (Adipositas)	Dringend abnehmen; jedoch sollten Sie vor Durchführung des PfundsKur-Trainings ärztlichen Rat einholen.

Denken abschalten!

Bei der Auswahl Ihrer Speisen denken Sie bitte nicht lange nach, sondern wählen genau die, die Sie immer schon gegessen haben. Schließlich soll mit diesem Tagebuch die Basis Ihres Ernährungsverhaltens erfasst werden.

Klar – immer wenn Sie Schokolade essen, könnten Sie schummeln und bei Vollkornbrot einen Strich machen. Nur wäre die Auswertung dann völliger Unsinn. Sie selbst bestimmen also in den nächsten sieben Tagen, ob zutreffende oder falsche Informationen gesammelt werden. Geben Sie sich einen Ruck. Es ist Ihr Tagebuch, und Sie wollen mit der PfundsKur gerne abnehmen. Tragen Sie alles korrekt ein. Sie werden sehen, dass es sogar Spaß macht.

Austauschliste

Am Ende des Tagebuchs finden Sie eine Austauschliste, die Ihnen sagt, wie Sie Lebensmittel oder Speisen eintragen, für die keine eigene Zeile vorgesehen ist. Wenn Sie Ihre Auswahl auch dort nicht finden, entscheiden Sie einfach selbst, welches Lebensmittel oder welche Speise Sie „anstatt“ eintragen. Es ist immer besser, irgendein ähnliches Lebensmittel einzutragen als überhaupt keinen Strich zu machen.

So, das ist Ihre Aufgabe für die nächste Woche. Es geht noch nicht ums Abnehmen. Denn wer etwas ändern möchte, muss zuerst wissen, was geändert werden soll. Darum startet die PfundsKur mit dieser Basisaufgabe. Die Auswertung erfolgt dann in der kommenden Woche. Bis dahin heißt es: Viel Vergnügen bei Essen und Trinken mit Tagebuch.

16 Austauschliste

AUSTAUSCHLISTE

Apfelstrudel	Obstkuchen
Baguette, Fladenbrot	Weißbrot
Bierschinken	Mortadella
Biskuitrolle	Sahnetorte
Blumenkohl	Gemüse, zubereitet
Brokkoli	Gemüse, zubereitet
Cappuccino mit Geschmack	Kaffee & Milch
Chicken McNuggets	Hähnchen-Nuggets
Cervelatwurst	Salami & Co.
Corned Beef	Schinken, gekocht
Dampfnudeln	Hefeteilchen
Edamer	normaler Käse
Eiersalat	Fleischsalat
Emmentaler	normaler Käse
Ente	Hähnchen
Feige, Dattel	Trockenobst
Ferrero Rocher, Küsschen, Raffaelo	Kekse
Frikassee	Gulasch
Fruchtbuttermilch	Buttermilch
Fruchsaftschorle	Fruchtsaft
Fruchtzwerg	Milchreis
Gans	Hähnchen
Geflügelsalat	Fleischsalat
Gelbwurst	Salami & Co.
Gemüseauflauf	Auflauf
Gemüse-, Zwiebelkuchen, Quiche	Auflauf
Getreideauflauf	Auflauf
Gouda	normaler Käse
Grillwurst	Bratwurst
Haferflocken, Getreideflocken	Früchtemüsli
Hammel	Braten
Heringssalat	Fischkonserve
Heringsdip, Sahnehering	Fischkonserve
Kartoffelsalat mit Essig & Öl	Salat mit Vinaigrette
Kasseler	Braten
Kaugummi	Bonbon

Knusperbrot (Leicht & Cross o. Ä.)	Knäckebrot
Kohl, alle Sorten	Gemüse, zubereitet
Kotelett	Schnitzel
Kräcker	Flips
Kräuterquark	leichter Frischkäse
Lasagne	Nudeln & Hackfleischsoße
Milchcreme (Milky Way o. Ä.)	Nutella
Milchpudding (Monte etc.)	Fruchtquark
Mohrenkopf	Kekse
Muscheln, Schalentiere	Fischfilet, gekocht
Nougat, Marzipan	Kekse
Nudelauflauf	Auflauf
Nüsse, Sonnenblumen-, Kürbiskerne	Erdnüsse
Parmesankäse	leichter Käse
Pfannkuchen	Hefeteilchen
Pflaumenmus	Marmelade
Pizzabaguette	Auflauf
Plätzchen	Kekse
Pumpernickel	Vollkornbrot
Ravioli, Tortellini, ohne Soße	Nudeln
Rosinen	Trockenobst
Sauerkraut	Gemüse, zubereitet
Schimmelkäse	Camembert
Schlemmerfilet	paniertes Fischfilet
Schokonüsse	Milchschnitte
Schokozwieback	Kekse
Smarties, m&m's, ohne Nüsse	Milchschnitte
Spätzle	Nudeln
Spinat	Gemüse, zubereitet
Tilsiter	normaler Käse
Trinkjoghurt	Fruchtjoghurt
Vanillejoghurt	Fruchtjoghurt
Waffeln	Rührkuchen
Waldorfsalat, Farmersalat u. Ä.	Fleischsalat
Wassereis	Rote Grütze

2. WOCHE

Besiegen Sie Ihr Superfatty

Anke Meister Hallo, Herr Pudel, das war ja eine Woche voller Selbsterkenntnis. Ich konnte meinen Augen kaum trauen, so viele Striche sind bei bestimmten Lebensmitteln zusammengekommen.

Volker Pudel Das wird vielen PfundsKur-Teilnehmern und Teilnehmerinnen so ergangen sein. Darum starten wir auch mit dem Tagebuch, um über die erste Woche herauszufinden, wie viel Fett wir täglich zu uns nehmen und wo es herkommt.

Anke Meister Aber sagen Sie mal, Herr Pudel, ist Fett wirklich der Dickmacher? In den USA werden doch gerade die Kohlenhydrate verteufelt. Ich habe gelesen, dass viele Amerikaner überhaupt keine Kartoffeln mehr essen. Das ist doch das genaue Gegenteil von dem, was die PfundsKur empfiehlt.

Volker Pudel Ja, Sie haben Recht, die Amerikaner scheinen einen neuen Volkssport entdeckt zu haben und sparen Kohlenhydrate ein, wo sie können – „Cutting Carbs“ nennen sie das. Sie essen Unmengen an Fett und Eiweiß und verschmähen Kartoffeln, Nudeln, Reis und sogar Orangensaft.

Anke Meister Und ist das denn wirklich richtig?

Volker Pudel Keinesfalls. Sie, liebe Anke, haben mit der PfundsKur Fett gespart, zwölf Kilogramm abgenommen und davon acht Kilogramm gut gehalten. Mit Eiern und Speck, Butter und Bauchfleisch hätten Sie eher zugenommen. Doch wir werden darüber noch ausführlicher reden, zumal auch bei uns „Low-Carb-Diäten“ oder auch die so genannte GLYX-Diät immer mehr Zuspruch finden. Die darf man aber nicht mit der „Glücksdiät“ verwechseln – auch wenn es so ähnlich klingt.

Anke Meister Um ehrlich zu sein, ich habe das auch verwechselt und mir auch so ein Buch gekauft.

Volker Pudel Der GLYX oder glykämische Index, die Dr.-Atkins- oder auch die Southbeach-Diät beeinflussen zur Zeit viele Menschen. Dabei sind diese Ideen nicht neu, sondern teilweise schon mehr als 25 Jahre alt.

Anke Meister Stimmt, mit Atkins wollte ich auch vor Jahren schon abnehmen. Aber so viel Fett konnte ich einfach nicht essen. Mir fehlte das Brot.

Volker Pudel Genau das ist der Punkt. Wer konsumiert schon Butter pur oder Spiegelei mit Speck, aber ohne Brot? Über kurz oder lang verschlägt das jedem den Appetit.

Anke Meister Aber der glykämische Index teilt doch Kohlenhydrate in „gute" und „schlechte" ein. Ist da nichts dran?

Volker Pudel Ja und nein. Die GLYX-Diät basiert auf der Überzeugung, dass ein hoher Insulinspiegel im Blut den Fettabbau im Körper erschwert. Hervorgerufen wird ein Anstieg des Insulinspiegels durch „schlechte" Kohlenhydrate, die besonders schnell verdaut werden und als Zucker ins Blut gelangen. Diese Kohlenhydrate haben einen hohen glykämischen Index. Der Theorie nach soll sich Übergewicht dadurch abbauen lassen, dass man bevorzugt Lebensmittel mit „guten" Kohlenhydraten und niedrigem glykämischen Index verzehrt. Aber die Wirkung, die ein Lebensmittel auf die Blutzuckerkonzentration hat, ist nicht allein von der Art der enthaltenen Kohlenhydrate abhängig. Andere Faktoren spielen eine Rolle. Das macht die Sache mit dem glykämischen Index etwas komplizierter und wenig alltagstauglich. Aber das besprechen wir in dieser Woche noch genauer.

Anke Meister Da bin ich gespannt. Aber wenn ich Sie richtig verstehe, bleibt es beim Fettsparen und Sich-satt-Essen mit Kohlenhydraten.

Volker Pudel Genau, das Prinzip ist bewährt. Hunderttausende haben damit gute Erfahrungen gemacht.

Anke Meister Ich ja auch. Man kann sich daran gewöhnen. Ich war auch begeistert, als ich von Ihnen den Satz hörte „Wer hungert, macht etwas falsch".

Volker Pudel Ja, dieser Satz ist wirklich wichtig. Kein Mensch erträgt monatelang Hunger, um sein Gewicht zu halten.

Anke Meister Da haben Sie Recht. Doch man muss erst einmal die Angst vor vermeintlichen Dickmachern wie Kartoffeln oder Nudeln oder gar Zucker überwinden.

Volker Pudel Genau darum geht es: Jeder PfundsKur-Teilnehmer soll selbst erleben, dass diese „Dickmacher" eigentlich gar keine Dickmacher sind. Im Gegenteil. Mit der PfundsKur kann jeder am eigenen Leib erfahren, dass ...

Anke Meister Ich weiß schon: „Fett macht Fett, Kohlenhydrate machen fit."

Volker Pudel Anke, Sie haben schon viel gelernt bei der PfundsKur.

Der Kalorienmix macht's

Ich begrüße Sie zur 2. Woche der PfundsKur. Jetzt werden allmählich auch Ihre Pfunde purzeln – langsam aber stetig. Und das, ohne sich bestimmte Lebensmittel verbieten zu müssen oder gar zu hungern. Versprochen!

Abnehmen ohne Hunger? Das geht doch gar nicht, werden jetzt sicherlich viele von Ihnen denken und sich an die leidvollen Erfahrungen mit FdH-Diäten erinnern. Aber das ist ein Irrtum, den ich in dieser Woche gerne ausräumen möchte, denn schließlich heißt es bei der PfundsKur ja: satt essen und trotzdem abnehmen. Aus diesem Grund starten wir die 2. Woche mit einem kleinen Exkurs in die Ernährungswissenschaft. Aber keine Angst – es wird nicht kompliziert.

Folgenschwerer Irrtum

Jahrzehntelang beherrschte ein verhängnisvoller Irrtum die Versuche, an Gewicht abzunehmen: Alles drehte sich um die Kalorie. Mit der Maßeinheit „Kilokalorie" (umgangssprachlich „Kalorie") wird die Energie gemessen, die Nahrungsmittel liefern. So galt die Losung: Je weniger Kalorien aufgenommen werden, desto schneller verliert der Körper an Gewicht, weil er sich den Fehlbetrag aus den Fettreserven holen muss. Zahllose Diäten wurden erfunden, die sich alle in einem Punkt ähnelten: möglichst wenig Kalorien liefern! Das aber funktionierte nicht. Der Körper nahm zwar ab, nach Beendigung der Diät nahm er aber wieder zu. Diesen Jo-Jo-Effekt kennt jeder, der einmal mit purer Kalorienbeschränkung abnehmen wollte. Wo liegt also der Denkfehler beim reinen Kalorienzählen?

Von Kalorien und Kilometern

Kalorien gibt es eigentlich gar nicht. Ebenso wenig wie es Kilometer an sich gibt. Ein Weg, eine Straße oder eine Autobahn haben eine bestimmte Länge, die in Kilometern gemessen wird. Genauso sind Kalorien nur eine Maßeinheit, die angibt, wie viel Energie ein Nahrungsmittel liefert. Diese Energiemenge schwankt von Lebensmittel zu Lebensmittel erheblich, doch es sind immer die gleichen vier Energie liefernden Stoffe, die die Kalorien in sich haben: Kohlenhydrate, Fette, Eiweiß und Alkohol.

Beim Autofahren sieht jeder unmittelbar ein, dass es stark von der Fahrbahn abhängt, wie die gefahrenen Kilometer erlebt werden. Zehn Autobahnkilometer fahren sich meist schneller und angenehmer als zehn Kilometer über einen Feldweg. Klar, jeder Kilometer ist exakt 1000 Meter lang, aber dennoch erleben Autofahrer die Kilometer recht unterschiedlich. Gleiches gilt für die Kalorien.

Schokotrüffel liefern viele Kalorien, sättigen aber nicht gut.

Schokotrüffel oder Bananen?

Angenommen, es liegen acht Schokotrüffel auf einem Teller: das sind 570 Kalorien. Aber die sechs Bananen auf dem Teller daneben liefern auch 570 Kalorien. Zweimal 570 Kalorien, die sehr unterschiedlich zu essen sind. Die acht Schokotrüffel bieten wenig Masse, machen nicht richtig satt. Sechs Bananen dagegen sind richtig viel, sättigen gut. Nach einer Stunde könnte man wieder acht Schokotrüffel essen, aber wohl kaum wieder sechs Bananen.

Der Grund dafür: Trüffel sind fetthaltig, Bananen liefern Kohlenhydrate. Fett bringt kaum Masse auf den Teller, Fett sättigt nicht gut. Genau das Gegenteil erreicht man mit Kohlenhydraten: eine gute Sättigung, weil große Mengen gegessen werden.

Auf die Kaloriensorte kommt es an

Um sein Gewicht in den Griff zu bekommen, ist es also nicht so wichtig, zu kontrollieren, wie viele Kalorien wir essen, sondern welche Sorte von Kalorien wir zu uns nehmen. Und genau in diesem Punkt gab es vor zehn Jahren eine große Überraschung. In einer großen Aktion der AOK hatten 200 000 Teilnehmer ein „Tagebuch Essen & Trinken" ausgefüllt – genauso wie Sie es in der letzten Woche geführt haben. Anschließend wurde ein Computer mit allen Angaben gefüttert und berechnete dann, wie viel Kalorien die normal-, über- und stark übergewichtigen Teilnehmer im Durchschnitt gegessen und getrunken hatten. Die große Überraschung: Es gab keinen Unterschied zwischen den Gruppen. Übergewichtige konsumierten nicht mehr Kalorien als Normalgewichtige!

Übergewichtige essen mehr Fett

Also wertete man die Daten weiter aus um herauszufinden, aus welchen Quellen die Kalorien stammten. Jetzt zeigten sich riesige Unterschiede. Der Kalorienmix, also das Verhältnis von Fett- zu Kohlenhydratkalorien, war bei Übergewichtigen – im Vergleich zu Normalgewichtigen – genau umgekehrt.

Bei den normalgewichtigen Teilnehmern bestanden weniger als 40 Prozent ihrer Gesamtkalorienaufnahme aus Fettkalorien, dafür aßen sie über 50 Prozent Kohlenhydratkalorien. Übergewichtige dagegen lagen mit Kohlenhydratkalorien knapp über 40 Prozent, mit Fettkalorien um die 45 Prozent. Das Ergebnis war eindeutig und ist inzwischen durch viele andere Studien bestätigt worden: Übergewichtige essen mehr Fett und weniger Kohlenhydrate.

Der falsche Weg

Info

Übergewichtige essen mehr Fett, aber konsumieren gleichzeitig weniger Kohlenhydrate. Verhängnisvoll, wenn Übergewichtige nun Kalorien zählen und an Kartoffeln, Brot oder Gemüse sparen. Denn dadurch verzichten sie auf wichtige Kohlenhydrate, von denen sie ohnehin bereits zu wenig essen.

Besser Kohlenhydrate statt Fett

Wenn übergewichtige Menschen behaupten, dass sie nicht besonders viel essen, kann man ihnen dass tatsächlich glauben. Klar, wer relativ viel Fett, aber wenig Kohlenhydrate isst, hat wenig

Menge auf dem Teller. Eine Bratwurst mit Pommes und Mayo füllt den Teller kaum, obwohl 1250 Kalorien gegessen werden. Eine riesige Portion Kartoffeln mit Rosenkohl und ein kleines Schnitzel mit Soße dagegen lassen den Teller fast überquellen und haben ebenfalls 1250 Kalorien.

Kohlenhydrate liefern Energie

Noch einen Irrtum gilt es, aufzuklären: Kohlenhydrate, insbesondere Kartoffeln, Nudeln und erst recht Zucker galten als die Dickmacher schlechthin. Kohlenhydrate werden im Körper zu Fett umgewandelt, hieß es lange Zeit. Eine Studie des Ernährungswissenschaftlers Professor Acheson widerlegte diesen Irrglauben. Acheson fütterte Studenten mit Riesenmengen an Kohlenhydraten und analysierte, was im Körper mit diesen Kohlenhydraten passierte. Das Resultat war wieder eine große Überraschung: Der menschliche Organismus wandelt Kohlenhydratkalorien nicht in Fett um! Kohlenhydrate werden vorrangig verbrannt, dienen also als schnelle Energielieferanten.

Fett ist der Dickmacher, Kohlenhydrate sind die Fitmacher.

Achtung

Achtung, nicht im Übermaß!

Kohlenhydrate können eine Gewichtszunahme bewirken, wenn man sie in sehr großen Mengen zu sich nimmt. Der zum Beispiel in Cola, Limo aber auch Apfelsaft enthaltene Zucker wird sehr schnell verdaut und liefert dem Körper rasch Energie. Er hindert ihn aber auch daran, die eigenen Fettreserven abzubauen. Sind Kohlenhydrate in Form von Zucker reichlich vorhanden, nutzt unser Organismus diese leicht verfügbare Energiequelle als Erstes und speichert überschüssige Kalorien in den Fettzellen. Wenn man also am Tag vier bis fünf Liter Limo, Cola oder Apfelsaft trinkt, dann können Kohlenhydrate auch dick machen!

Schottische Forscher stellten fest, dass die übergewichtigsten Schotten nur wenig mehr als 20 Gramm Zucker am Tag konsumieren, während die normalgewichtigen Schotten in ihrer Untersuchung bei 130 Gramm Zucker pro Tag lagen. Die Geschichte vom Zucker als Inbegriff des Dickmachers muss also neu geschrieben werden.

Schweine sind anders

Die Irrlehre von der so genannten Kohlenhydratmast hatte sich aus der Tierernährung eingeschlichen, denn Schweine, Vögel oder Ratten wandeln Kohlenhydrate sehr effektiv in Fett um. Diesen Umwandlungsprozess beherrscht der menschliche Körper zwar auch, aber er setzt erst ein, wenn mehr als 500 Gramm Kohlenhydrate am Tag verzehrt werden. 500 Gramm Kohlenhydrate sind in einem Pfund Zucker, 750 Gramm Gummibärchen, einem Kilo Roggenbrot, drei Kilogramm Kartoffeln oder Nudeln sowie in 40 Äpfeln oder 20 Kilo Blumenkohl. Mengen, die kaum jemand an einem Tag essen kann.

Alkohol hat einen hohen Kaloriengehalt und hemmt die Fettverbrennung. Genießen Sie Alkohol deshalb in Maßen.

Was ist mit Eiweiß und Alkohol?

Wer Fett einschränkt und mit Kohlenhydraten großzügig umgeht, bekommt „automatisch" die richtige Menge Eiweiß. Das liegt an der Zusammensetzung unserer Lebensmittel. Bei der Gewichtsabnahme wirken Eiweißkalorien eher positiv, denn der Körper benötigt mehr Energie, sprich Kalorien, um sie zu verarbeiten. Anders verhält es sich mit dem Alkohol. Alkoholkalorien sind zwar keine Fettkalorien und Alkohol wird im Körper – wie Kohlenhydrate auch – nicht in Fett umgewandelt. Trotzdem nährt sich der „Bierbauch" aus Fett – und das, obwohl im Bier selbst kein Fett ist.

Alkohol wirkt wie Fett

Es ist etwas komplizierter mit den Alkoholkalorien. Der Körper hat keine Speicher, um Alkohol einzulagern. Daher ist er gezwungen, die Alkoholkalorien, kurz nachdem sie getrunken wurden, sofort als Energieträger zu nutzen und zu verbrennen. In dieser Zeit stoppt zwangsläufig die Fettverbrennung, denn die Alkoholkalorien haben Vorrang. So sind das Bier zur Curry-Wurst oder das Verdauungsschnäpschen nach einem fetten Mahl die „geeigneten Mittel", um möglichst rasch zuzunehmen.

Alkohol stoppt die Fettverbrennung und lässt das Fett in die Fettzellen wandern.

Farben der Kalorien

Info

Es gibt vier Kalorienquellen:

- **„grüne Kalorien" = Kohlenhydrate**
  liefern Zucker, Kartoffeln, Gemüse, Brot, Nudeln, Reis, Obst
- **„gelbe Kalorien" = Fette**
  liefern Streichfette, Öle, Sahne, Wurst, Käse, Nüsse, Samen
- **„rote Kalorien" = Eiweiß**
  liefern Fleisch, Fisch, Milchprodukte, Eier
- **„blaue Kalorien" = Alkohol**
  liefern alkoholische Getränke

Ihr Tagebuch Essen & Trinken

Bevor wir mit der Auswertung Ihres Tagebuches beginnen, möchte ich Sie noch mit den „Fettaugen" der PfundsKur vertraut machen. Sie sind unsere praktische Maßeinheit, mit der wir den Fettge-

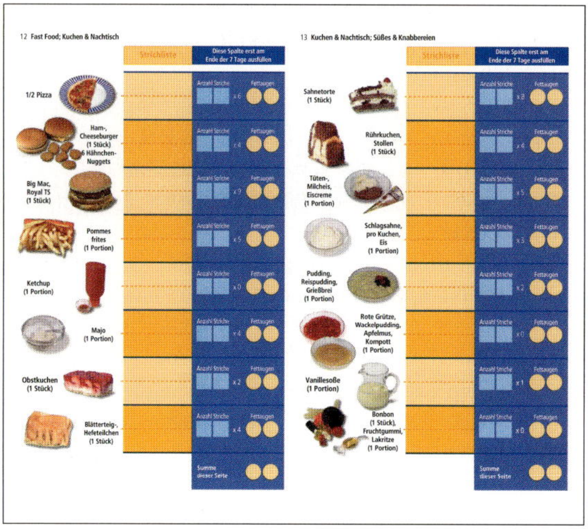

halt von Speisen und Lebensmitteln stets im Blick haben, ohne in umständlichen Kalorientabellen nachschauen zu müssen. Üblicherweise sind die Fettaugen gelb, aber es gibt auch „blaue Fettaugen" – Sie wissen schon, das sind die in alkoholischen Getränken, weil Alkohol die Fettverbrennung stoppt. Ganz gleich ob gelbes oder blaues, für jedes Fettauge gilt:

Ein Fettauge steht für jeweils drei Gramm Fett.

Fettaugen berechnen

Nun zur Auswertung Ihres Tagebuches: Zählen Sie zunächst pro Zeile im Tagebuch Ihre Striche zusammen und notieren Sie die Summe in den Kästchen. Fertig? Dann multiplizieren Sie bitte Zeile für Zeile die errechnete Summe mit der Ziffer, die rechts hinter den Kästchen eingedruckt ist. Ein Taschenrechner wird Sie dabei unterstützen. Das Ergebnis entspricht dann der Anzahl der Fettaugen. Tragen Sie es bitte in die beiden runden Felder ein.

Superfatty feststellen

Damit ist die Auswertung zunächst abgeschlossen. Sie können jetzt Ihr Tagebuch noch einmal durchgehen und feststellen, welches Nahrungsmittel, Getränk oder welche Speise in Ihrer letzten Woche die meisten Fettaugen geliefert hat. Haben Sie Ihren Spitzenreiter, Ihr „Superfatty" gefunden? Dann tragen Sie das Lebensmittel bitte hier ein:

Mein Superfatty:

Gibt es einen Gleichstand bei zwei oder drei Lebensmitteln? Dann notieren Sie bitte alle Lebensmittel mit den meisten Fettaugen. Das sind dann Ihre „Superfattys", denen es in der nächsten Woche gezielt an den Kragen geht.

Aufgabe für die 2. Woche

In der kommenden Woche startet Ihr Training. Die erste Aufgabe besteht darin, Ihr Superfatty oder Ihre Superfattys zu halbieren, also davon in der ganzen Woche nur noch die Hälfte zu verzehren. Am besten legen Sie sich einen Zettel zurecht, auf dem Sie eine Strichliste für das Superfatty oder die Superfattys führen können. Ansonsten essen und trinken Sie wie bisher, denn das Training soll Ihnen Spaß bereiten und Sie nicht überfordern.

Zwei Beispiele, wie Sie Ihren Superfatty halbieren können:

- Superfatty war Butter mit 56 Fettaugen. Ziel für die kommende Woche: 28 Fettaugen (14 Portionen Butter).
- Superfattys waren Bier mit 42 Fettaugen und Frikadellen mit ebenfalls 42 Fettaugen. Ziel für die nächste Woche: 21 Fettaugen (7 Glas Bier) und 21 Fettaugen (3 Frikadellen).

Wiegen nicht vergessen

Damit Sie auch den Erfolg Ihres Training messen und erleben können, tragen Sie bitte heute Ihr Körpergewicht in die Tabelle auf Seite 31 ein. Noch ein Tipp: Wiegen Sie sich nicht täglich. Das irritiert oft mehr, als es nützt. Denn Ihr Gewicht schwankt, allein schon durch Verschiebungen im Flüssigkeitshaushalt. Am besten wiegen Sie sich jeden Sonntag nach der Toilette und notieren dieses „Sonntagsgewicht" in der Tabelle. Doch zunächst besiegen Sie Ihr Superfatty. Ich wünsche Ihnen viel Spaß und viel Erfolg dabei!

Info

Bewegung bringt's

Für die Gewichtsabnahme ist mehr Bewegung im Alltag ebenso wichtig wie das richtige Essen. Vor allem, wenn es darum geht, das Gewicht langfristig zu halten. Denn um dauerhaft abzunehmen, sollten Sie mehr Kalorien verbrauchen, als Sie über das Essen aufnehmen – „negative Energiebilanz" nennen das die Experten. Das „Aktiv-Programm" von Prof. Dr. Wolfgang Schlicht zeigt Ihnen, wie Sie Ihre Energiebilanz ins Minus bringen. Das für die PfundsKur entwickelte Bewegungsprogramm bietet

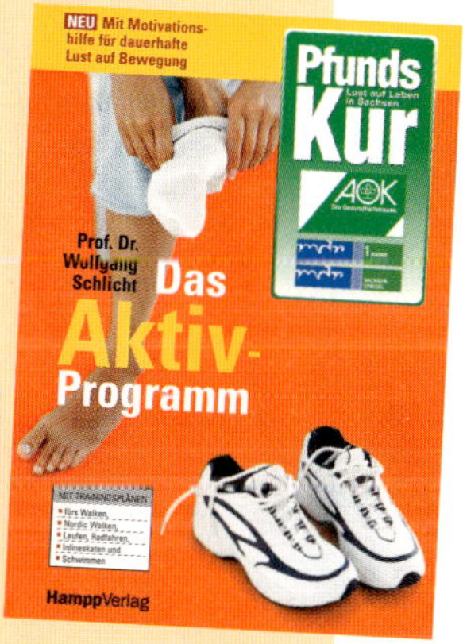

- **wissenschaftlich fundierte Eingangstests, um Ihr persönliches Fitness-Niveau zu bestimmen.**
- **wertvolle Tipps, wie Sie mehr körperliche Aktivität in Ihren Alltag integrieren.**
- **Zehn-Wochen-Trainingspläne für Walking, Nordic-Walking, Laufen, Inlineskaten und Schwimmen.**
- **sportpsychologische Motivationsstrategien, die Ihnen helfen, Ihre Vorsätze in die Tat umzusetzen und dauerhaft Lust auf Bewegung zu gewinnen.**

Das „PfundsKur-Aktiv-Programm" ist die optimale Ergänzung zum „Fett-weg-Programm". Damit erreichen Sie Ihr Wohlfühlgewicht, steigern Ihre Leistungsfähigkeit – und haben auch noch Spaß dabei.

SPEZIAL

Fette Versprechen – Diäten unter der Lupe

Es gibt Hunderte von Diäten, aber nur wenige Prinzipien, nach denen Diäten aufgebaut sind. Das Ziel ist immer das gleiche: weniger Kalorien aufnehmen als der Körper verbraucht, denn nur so kann eine Gewichtsabnahme erfolgen. Man unterscheidet folgende Diättypen:

Kalorienzähl-Diäten

Bei diesen Diäten ist allein die tägliche Kalorienmenge entscheidend. Es dürfen weiterhin die gewohnten Speisen und Lebensmittel gegessen werden, allerdings wird die übliche Menge teilweise drastisch reduziert. Extremste Form dieser Abnehmmethode ist die Null-Diät (auch Heilfasten genannt), die alle Kalorien streicht. Die verbreitete FdH-Diät („Friss die Hälfte“) verbietet 50 Prozent der gewohnten Kalorienmenge.

+ Man nimmt tatsächlich ab, vorausgesetzt man hält durch.

– Man wird nicht richtig satt. Der Körper baut Muskeleiweiß ab, senkt so den Grundumsatz, das heißt, die Energiemenge, die er benötigt, um seine Grundfunktionen aufrechtzuerhalten. Die Gefahr des Jo-Jo-Effektes ist daher groß. Zudem ist das Kalorienzählen mühselig und wenig alltagstauglich.

Lebensmittel-Diäten

Erlaubt sind nur bestimmte Lebensmittel – alle anderen sind verboten. Beispiele sind die „Eier-“, die „Ananas-“ oder die „Steak-Diät“, die „F. X.-Mayr-Kur“ (Semmeln und Milch) oder die „Brot-Diät“.

+ Leicht zu befolgen, da klare Vorgaben, was gegessen werden darf.

– Unausgewogene Ernährung, eintönige Mahlzeiten. Nur kurze Zeit durchzuhalten. Aufgrund der meist einseitigen Nährstoffversorgung sind viele dieser Diäten gesundheitlich nicht unbedenklich!

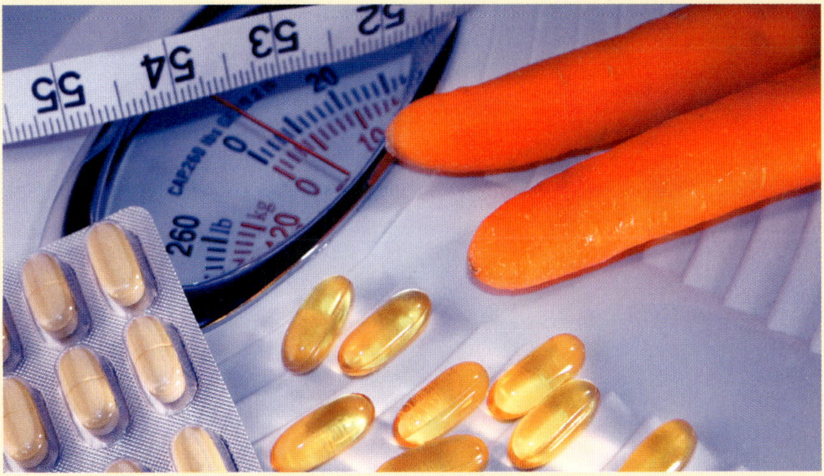

Schnelle Abnehmmethoden gibt es viele. Zu empfehlen sind aber nur ganzheitliche Ansätze, die gesunde Kost bieten und eine dauerhafte Ernährungsumstellung bewirken.

Wunder-Diäten

Sie basieren auf einer „tollen Story“, die aber wissenschaftlich unhaltbar ist. Zu dieser Diätform zählen unter anderem die „Blutgruppen-“ oder die „Sternzeichen-Diät“, die „Mond-Diät“ sowie die „Trennkost“. In gewisser Weise gehören dazu auch die so genannten „Fatburner-Diäten“, denn kein Lebensmittel verbrennt tatsächlich Fett.

+ Man kann abnehmen, doch das beweist nicht die der Diät zu Grunde liegende „Theorie“. Bei der „Trennkost“ zum Beispiel wird in der Regel fettärmer gegessen und deshalb auch abgenommen (nicht aber aufgrund der strikten Trennung von Kohlenhydraten und Eiweiß).

– Oft unausgewogen zusammengesetzte Ernährung, keine wissenschaftliche Basis sowie unrealistische Versprechungen. Nicht lange durchzuhalten.

Formula-Diäten

Eine Ernährung wie bei Astronauten, mit Drinks oder Suppen, die alle vom Gesetzgeber vorgeschriebenen Nährstoffe enthalten und jeweils eine Mahlzeit oder gar eine ganze Tagesration ersetzen. Entsprechende Produkte werden im Supermarkt, in der Apotheke und oft auch im Direktvertrieb angeboten.

+ Sichere Methode, um abzunehmen. Bei starkem Übergewicht ist schnell ein Abnahmeerfolg sichtbar, der motivierend wirken kann. Kinderleichte Anwendung.

– Diese Diätform bietet keinen Essgenuss und bewirkt keine Umstellung der Ernährungsgewohnheiten. Ohne intensives und anhaltendes Verhaltenstraining kommt es zum Jo-Jo-Effekt. Für eine langfristige Lösung des Gewichtsproblems eher ungeeignet.

Nähr-stoff-Diäten

Hier unterscheidet man zwei Hauptgruppen:

- die „Low-Carb-Diäten“ (wie etwa die „Dr.-Atkins-Diät-Revolution“ oder die „South Beach-Diät“), die auf viel Fett und keine oder wenig Kohlenhydrate setzen.
- die „Low-Fat-Diäten“ (wie zum Beispiel die „PfundsKur“ oder die „Low-Fat-30“-Diät), die darauf abzielen, den täglichen Fettanteil im Essen zu reduzieren.

Auf den ersten Blick widersprechen sich diese Prinzipien, doch Abnehmen gelingt mit beiden Methoden, weil insgesamt weniger Kalorien verzehrt werden.

+ Die Empfehlungen der Low-Carb-Diäten sind leicht zu befolgen und wer Fleisch und eiweißreiche Kost mag, wird auch satt; sie lassen die Pfunde vergleichsweise schnell purzeln, weil zum Beispiel ohne Brot auch keine Butter gegessen wird. Die Low-Fat-Diäten können lange durchgehalten werden und bieten Sättigung sowie Essgenuss.

− Für die Low-Carb-Diäten gibt es keine langfristigen wissenschaftlichen Studien, daher weiß niemand, ob sie eine dauerhafte Gewichtsabnahme ermöglichen. Durch ein Übermaß an tierischen Fetten und der darin enthaltenen gesättigten Fettsäuren, kann das Risiko der Gefäßverengung und damit die Gefahr eines Herzinfarkts oder Schlaganfalls ansteigen. Nierensteine und Gichtanfälle können vorkommen. Eine langfristige Anwendung dieser Diät ist nicht empfohlen.

GLYX-Diäten

Der glykämische Index, kurz GLYX oder auch GI, wurde vor über 25 Jahren von Dr. Jenkins für Diabetiker entwickelt. Dieser Index beschreibt, wie schnell die verzehrten Kohlenhydrate als Traubenzucker (Glukose) ins Blut gelangen. Kommt schnell und viel Glukose ins Blut, dann schüttet die Bauchspeicheldrüse große Mengen des Hormons Insulin aus, um den Blutzucker rasch in die Muskeln zu transportieren. Nach einiger Zeit kann der Blutzucker aber derart absinken, dass Unterzuckerung entsteht und der Körper nach neuen Kohlenhydraten verlangt. Die Folge: Heißhunger. Zudem behindert Insulin die Fettverbrennung, da es das Enzym, das Fett von Hüfte und Po abbaut, blockiert.

Gute und schlechte Kohlenhydrate

An diesem Punkt setzen die GLYX-Diäten an. Sie teilen kohlenhydrathaltige Lebensmittel nach ihrem GI in „ungünstig“ und „günstig“ ein: Cornflakes oder Weißbrot enthalten viel Glukose und haben demnach einen ungünstigen, hohen GI von 84 beziehungsweise 70. Gemüse und Hülsenfrüchte dagegen haben generell einen niedrigen, günstigen GI – der von Linsen beispielsweise liegt bei 30. Isst man bevorzugt Lebensmittel mit einem niedrigen GI, vermeidet man eine übermäßige Insulinausschüttung, beugt Heißhungerattacken vor und fördert die Verbrennung der körpereigenen Fettreserven. So die Theorie.

Nicht praxistauglich

Die Einteilung in günstige und ungünstige Kohlenhydrate hat jedoch einige Nachteile: Sie berücksichtigt nicht, dass Fett die Aufnahme von Kohlenhydraten verlangsamt, den GI eines Lebensmittels also verbessert. Darum hat Speiseeis, zum Beispiel, auch einen günstigeren GI als Vollkornbrot. Auch die Zubereitungsart (Frittieren, Kochen, Pürieren) verändert den GI. Darüber hinaus ist der GLYX schwer abzuschätzen, wenn nicht einzelne Lebensmittel, sondern kombinierte Speisen gegessen werden. Selbst wenn Lebensmittel separat verzehrt werden, fallen Messungen des GI von Mensch zu Mensch unterschiedlich aus. Aufgrund dieser Schwierigkeiten in der Anwendung hat die Deutsche Gesellschaft für Ernährung beschlossen, dass der GI nicht praxistauglich ist. Ob das die Autoren der GLYX-Diätbücher nicht wissen, die Ihnen mit dem GLYX doch „Glück“ verkaufen wollen?

Fazit

Die ideale Diät verlangt keine einschneidende Veränderung Ihrer Essgewohnheiten, sondern bietet Ihnen moderne und abwechslungsreiche Kost für Genuss bei Tisch und Erfolg auf der Waage. Sie kombiniert gesundes Essen mit mehr Bewegung im Alltag und gibt Ihnen Strategien an die Hand, mit deren Hilfe Sie ungünstiges Essverhalten (wie Süß- oder Heißhunger) durchbrechen. Kurz: Die ideale Abnehmmethode bietet die Grundlage für einen neuen Lebensstil, für mehr Lust auf Leben.

Achtung

Finger weg von Diäten, die ...

... Ihnen eine feste Gewichtsabnahme garantieren (zum Beispiel „mindestens 20 Kilo“).
... mehr als ein Kilogramm Gewichtsabnahme pro Woche versprechen (etwa „jede Woche fünf Kilo leichter“).
... in Aussicht stellen, Sie können nach wie vor essen, was Sie wollen (beispielsweise „essen wie bisher und trotzdem abnehmen“).
... magische oder zweifelhafte Begründungen für die Gewichtsabnahme anführen (wie „fasten nach den Mondphasen“).
... bestimmte Lebensmittel erlauben, aber viele andere verbieten.
... teuer sind und nur über Postversand oder Briefkastenfirmen im Ausland vertrieben werden.
... Zusatzkäufe nötig machen, wie etwa Ohrstecker, Amulette oder elektrische Geräte.

3. WOCHE

Der Weg zum „schlanken Mix"

Volker Pudel Hallo Anke, haben Sie Ihr Superfatty besiegt?

Anke Meister Klar, war gar nicht so schwierig. Mein „Tagebuch Essen & Trinken" wies die Butter als Superfatty aus. Ich habe mir deshalb Halbfettbutter gekauft. Die schmeckt gut und spart halt die Hälfte Fett.

Volker Pudel Haben Sie bei Ihrer ersten PfundsKur denn keine Butter eingespart, wenn das Streichfett bei Ihnen der größte Fettlieferant ist?

Anke Meister Doch schon, aber dann habe ich doch wieder Butter gekauft, weil mein Mann die so gerne isst. Tja und irgendwie ist die auch wieder auf mein Brot geraten. Entschuldigung!

Volker Pudel Das ist nicht Ihre Schuld, Anke. So ist das nun mal mit festen Gewohnheiten. Die sind hartnäckig und schwer umzustellen. Ich war mal mit dem Auto in London. Da habe ich gemerkt, wie gefährlich es ist, plötzlich links fahren zu müssen, wenn man es gewohnt ist, rechts zu fahren.

Anke Meister Das ist ein schönes Beispiel. So ist das mit dem Essverhalten auch. Der Kopf weiß alles, aber das Messer geht zur Butter.

Volker Pudel Ja, und ich fuhr rechts um die Kurve und blieb rechts – bis es fast geknallt hätte. Es ist eben schon etwas Training nötig, um eine alte Angewohnheit abzulegen.

Anke Meister Ich habe übrigens schon etwas abgenommen. Mein Sonntagsgewicht ist um gut ein Pfund gesunken.

Volker Pudel Prima, wenn der Körper so schnell auf weniger Fettaugen reagiert und Sie gleich belohnt.

Anke Meister Hat mich auch gefreut. Ich weiß ja aus Erfahrung, dass die Fettaugenkontrolle das Gewicht gut beeinflusst.

Volker Pudel Eigene Erfahrungen sind Gold wert – viel überzeugender als alle Worte und Ratschläge, die ich ins Buch schreibe. Ich hoffe, dass alle PfundsKur-Teilnehmer ähnlich erfreuliche Erfahrungen in der 2. Woche gemacht haben.

Anke Meister Manchmal dauert es aber auch etwas länger, das weiß ich seit der ersten PfundsKur. Das Gewicht sinkt

3. Woche

langsam – manchmal passiert eine Woche lang nichts, dann kommt ein kleiner Sprung nach unten.

Volker Pudel Richtig, es gibt auch Schwankungen. Zum Beispiel kann das Gewicht bei Frauen während des Zyklus schwanken – das sind Verschiebungen im Flüssigkeitshaushalt. Darum bitte ich um etwas Geduld.

Anke Meister Kenne ich auch. Deshalb wiege ich mich auch nur einmal pro Woche, am Sonntag, und trage das Gewicht in die Tabelle ein. Und sollte mein Gewicht einmal doch etwas höher sein, mache ich mir deshalb keine Sorgen.

Mein Sonntagsgewicht

1. Woche	kg
2. Woche	kg
3. Woche	kg
4. Woche	kg
5. Woche	kg
6. Woche	kg
7. Woche	kg
8. Woche	kg
9. Woche	kg
10. Woche	kg

Tragen Sie jeden Sonntag Ihr aktuelles Gewicht in diese Tabelle ein. So können Sie sich in der 10. Woche Ihren Erfolg nochmals vor Augen führen.

Volker Pudel Das ist genau die richtige Einstellung Anke. Dann starten wir jetzt in die 3. Woche. Halten Sie noch an Ihrem Ziel fest? Sechs Kilo Abnahme?

Anke Meister Ja, klar. Ich erhoffe mir einen BMI von 25.

Volker Pudel BMI ist das richtige Stichwort, Anke. Der Body-Mass-Index spielt nämlich auch bei der Bestimmung des Zielgewichts eine Rolle. Aber darüber sprechen wir noch in dieser Woche. Wichtig ist vor allem, dass man sich ein realistisches Ziel setzt und sich nicht überfordert.

Anke Meister Richtig, denn sonst programmiert man seinen Misserfolg selbst und ist am Ende enttäuscht.

Volker Pudel Und genau das wollen wir alle vermeiden.

Ihr Abnahmeziel bestimmen

Haben Sie sich schon gefreut, als Sie sich das letzte Mal gewogen haben? Wenn Sie Ihr Superfatty halbiert haben, hat sich die erste Abwärtstendenz auf der Waage sicherlich auch schon bei Ihnen bemerkbar gemacht. Nicht viel, aber immerhin etwas.

Und genau das ist das Ziel der PfundsKur: langsam abnehmen, damit der Körper Zeit hat, sich umzustellen. Damit er nicht Muskeln abbaut, denn das ist die Ursache für den Jo-Jo-Effekt. Stattdessen wollen Sie Körperfett einschmelzen – und das gelingt nur, wenn Sie weniger Nahrungsfett zu sich nehmen, aber trotzdem satt werden mit Kohlenhydraten.

Haben Sie schon eine Zielvorstellung, wie viel Sie während der zehn PfundsKur-Wochen abnehmen möchten? Nein? Dann wird es Zeit, sich darüber Gedanken zu machen.

Realistisch planen

Bei der Bestimmung Ihres Abnahmeziels sollten Sie eines bedenken: je realistischer Ihr Ziel, desto größer ist die Chance, es auch zu erreichen. Zu hoch gesteckte Gewichtsziele erzeugen nur Frust.

Die Erfahrung zeigt: Mit einem Pfund in der Woche liegen Sie ganz richtig, denn durchschnittlich fünf Kilogramm haben die vielen PfundsKur-Teilnehmer bisher abgenommen. Das ist ein wirklich guter Start in ein schlankeres Leben. Und wenn Sie am Ende doch mehr abgenommen haben, werden Sie sich umso mehr freuen.

Was sagt Ihr BMI

Erinnern Sie sich noch an Ihren Body-Mass-Index (BMI), den Sie zu Beginn der 1. Woche ermittelt haben? Wenn nicht, können Sie Ihren BMI nach der Formel

$$BMI = kg : m^2$$

berechnen oder mithilfe der Grafik auf Seite 16 bestimmen. Wenn Ihr BMI über 30 liegt, Sie noch nie eine Diät gemacht haben, sich im Alltag bereits aktiv bewegen und Ihre Eltern nicht übergewichtig sind, dann können Sie sich durchaus ein etwas höheres Abnahmeziel vornehmen, sagen wir sieben bis zehn Kilogramm. In jedem Fall sollten Sie vorher mit einem Arzt sprechen und klären, ob gesundheitliche Risiken bestehen. Liegt Ihr BMI zwischen 25 und 30, sollten Sie noch den folgenden kleinen Test durchführen und ermitteln, ob Sie „Apfel-" oder „Birnentyp" sind.

Übergewicht ist nicht gleich Übergewicht

Gerade bei mäßigem Übergewicht kommt es nicht allein auf das Gewicht an, sondern auch darauf, wie sich das Gewicht am Körper verteilt. Die Fettpolster an Hüften, Po und Oberschenkeln (Birnentyp) belasten den Stoffwechsel weniger als der Speck an der Gürtellinie (Apfeltyp). Denn die Fettzellen am runden Bauch des Apfeltyps geben verstärkt Fettsäuren ins Blut ab und können so das Risiko für Diabetes und Herz-Kreislauf-Erkrankungen erhöhen.

Am besten nehmen Sie ein Maßband zur Hand und messen einfach Ihren Taillen- beziehungsweise Bauchumfang. Wenn Sie männlich sind, dann ist Ihr

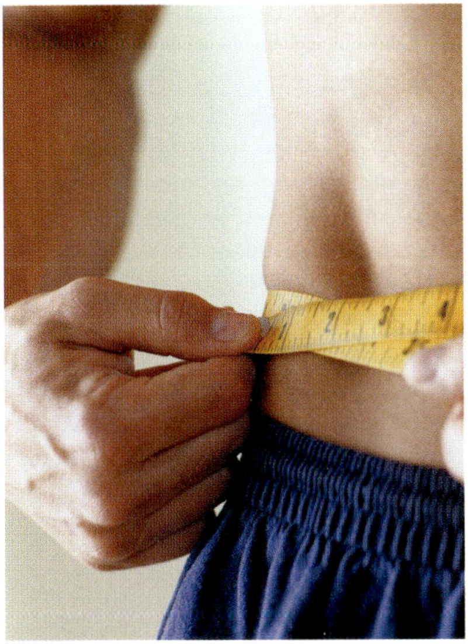

Ob Sie ein Apfel- oder eher ein Birnentyp sind, lässt sich ganz einfach mit dem Maßband feststellen.

Risiko ab 94 Zentimeter Umfang erhöht, ab 102 Zentimeter deutlich erhöht. Frauen tragen ein erhöhtes Gesundheitsrisiko ab 80 Zentimeter Umfang und ein deutlich erhöhtes bei einem Umfang von über 88 Zentimetern. Für Frauen wie Männer gilt: bei deutlich erhöhtem Risiko ist eine Gewichtsabnahme dringend angeraten.

Wenn sie aber einen geringeren Bauchumfang haben, also zu den „Birnenmenschen" gehören, gesund sind und sich wohl fühlen, können Sie ein leichtes Übergewicht weiterhin mit Fassung tragen. Wenn Sie abnehmen möchten, empfiehlt die PfundsKur Ihnen, einen Gewichtsverlust von fünf bis zehn Prozent Ihres Ausgangsgewichtes anzustreben.

Info

Was reizt die Menschen an Diäten?

Was die Bewertung von Diäten in der Öffentlichkeit anbetrifft, lässt sich ein deutlicher Trend feststellen: Je bizarrer die Maßnahmen und exotischer die Rezepte, mit denen die Gewichtsabnahme herbeigeführt werden soll, desto höher klettern die Erwartungen. Was halten Sie zum Beispiel von KKD, der Kiwi-Kompass-Diät? Noch nichts davon gehört? Klingt geheimnisvoll, nicht wahr? Nun gut, sie ist ganz einfach …

„Man nehme Kiwi, einen Kompass und ein scharfes Messer. Morgens um 6.55 Uhr richte man die Kiwi mit dem Kompass in Nord-Süd-Richtung aus. Sodann teile man die Kiwi mit einem Nord-Süd-Schnitt in zwei gleiche Hälften. Nun lege man in jede Handfläche eine halbe Kiwi mit der Schnittseite nach oben, breite dann die Arme weit aus und übertrage bis genau 7.00 Uhr die Energie der Nacht in die Kiwi. Anschließend verspeise man in Ruhe bis 7.10 Uhr die Kiwi und warte geduldig – bis mir für den weiteren Tag neue Unsinnsrezepte einfallen. Gewichtsabnahme garantiert".

Verlockende Versprechen

Diese „Diät" klingt verlockend, denn genaue Uhrzeiten, exakte Verhaltensanweisungen sowie ein bisschen Hokuspokus mit Energieübertragung machen aus komplettem Blödsinn plötzlich Sinn. Da muss doch was dran sein, denken wir – weil wir Versprechungen gerne glauben. Aber es ist leider nichts dran, so leid es mir tut. Genauso wenig wie bei Trennkost, Negativkalorien oder der Eierdiät.

Bei der PfundsKur zählen Fettaugen

Die PfundsKur hat keinen exotischen Namen und sie macht auch keine vollmundigen Versprechungen. Dafür ist Abnehmen nach dem PfundsKur-Prinzip einfach, wissenschaftlich fundiert und in landesweiten Aktionen erprobt. Es macht sogar Spaß, denn die PfundsKur verbietet Ihnen nichts – und sie verlangt schon gar nicht, dass Sie um sechs Uhr früh aufstehen, um eine Kiwi zu essen.

Bei der PfundsKur nehmen Sie ab, indem Sie Ihren Alltag aktiver gestalten und Fettaugen zählen. Sie erinnern sich: Drei Gramm Fett werden in einem Fettauge zusammengefasst. Das ist praktischer, als jedes Gramm einzeln zu zählen. Jetzt möchte ich Ihnen erklären, was es mit dem Fett und den Fettaugen auf sich hat.

Fett ist Geschmacksträger

„Überhaupt kein Fett im Essen? Aber dann schmeckt doch nichts mehr." So reagieren die meisten Menschen, wenn sie hören, dass sie ihren Fettverzehr einschränken sollen. Und damit haben sie sogar Recht. Fett ist schon ein toller Stoff, denn viele Aromastoffe sind fettlöslich und wir können sie nur schmecken, wenn Fett im Essen ist. Die Vitamine A, D, E und K sind ebenfalls nur wirksam, wenn sie mit Fett zusammen aufgenommen werden. Darum gibt die kluge Hausfrau in den Möhrensalat einen Tropfen Öl, damit das Betacarotin (eine Vorstufe zu Vitamin A) auch wirken kann. Außerdem braucht unser Organismus eine geringe Menge an lebenswichtigen Fettsäuren, die er selbst nicht herstellen kann.

Ohne Fett geht nichts

Das Fett im Essen ist auch nicht das Problem, denn ganz ohne Fett ist unser Essen fade und zudem höchst ungesund. Das Problem ist allein das „Zuviel an Fett". Denn im Durchschnitt konsumiert jeder Bundesbürger mehr als 120 Gramm Fett am Tag – wovon ein großer Teil aus den eher ungünstigen tierischen Fetten besteht. Von Ernährungswissenschaftlern empfohlen werden jedoch einfach oder mehrfach ungesättigte Fettsäuren, die zum Beispiel in Olivenöl, Raps- und anderen Keimölen sowie in Fischfetten enthalten sind. Allerdings sind davon schon knapp zehn Gramm pro Tag völlig ausreichend.

Für das Gewicht ist Fett gleich Fett

Figurprobleme entstehen allerdings völlig unabhängig von der Fettsorte, ganz gleich, ob Sie ein (gehaltvolles) kaltgepresstes Distelöl oder (ungünstiges) Frittierfett konsumieren. Für die Gewichtsregulation gilt: Jedes Gramm Fett liefert

Info

Fett: Auf die Menge kommt es an

Der „Stich Butter im Gemüse" ist eine kluge Hausfrauenweisheit. Nur: zehn Stiche Butter schmecken nicht zehnmal so gut. Zu viel Fett macht dick.
Aber Fett, mit Augenmaß verwendet

- **verbessert den Geschmack, weil viele Aromastoffe fettlöslich sind.**
- **benötigt der Organismus für die fettlöslichen Vitamine und in Form von lebenswichtigen Fettsäuren.**

Pflanzliche Öle enthalten lebenswichtige Vitamine und sind reich an ungesättigten Fettsäuren.

über neun Kalorien. Damit ist Fett eindeutig der „Kalorienkönig", denn Kohlenhydrate und Eiweiß bringen es pro Gramm nur auf gut vier Kalorien.

Wenn Sie mit Ihrem Fettspartraining beginnen, werden Sie überwiegend „versteckte Fette" reduzieren, die meist gesättigte Fettsäuren liefern und zum Beispiel in Mayonnaise, Wurst, Eiern oder auch Kartoffelchips lauern. Stattdessen sollten Sie auf die gesünderen ungesättigten Fettsäuren setzen und Ihren Salat besser mit kaltgepresstem Oliven- oder Rapsöl anmachen.

Aber schmeckt es dann noch?

Keine Bange, es wird Ihnen mit Sicherheit noch schmecken, denn die PfundsKur streicht das Fett nicht völlig aus Ihrem Speiseplan. Sie werden lediglich versuchen, mit 60 bis 70 Gramm Fett am Tag auszukommen – das ist allemal genug, um geschmacklich voll auf Ihre Kosten zu kommen. Das überzeugt Sie immer noch nicht? Gut, dann starten Sie doch bitte diesen Selbstversuch: Nehmen Sie sich drei Scheiben Toastbrot (ungetoastet) und streichen Sie auf die erste Scheibe – wie gewohnt – Butter oder Margarine. Auf die zweite Scheibe streichen Sie Cremor (eine Art Frischkäse mit nur 0,2 Prozent Fett). Die dritte Scheibe bleibt „natur". Nun schneiden Sie die drei Scheiben quer und längs durch, sodass jeweils vier kleine Quadrate entstehen.

Und jetzt probieren

Bitten Sie nun einen netten Menschen, ohne dass Sie selbst zuschauen, die kleinen Quadrate zu belegen: mit Leberwurst, Mettwurst, Frischkäse und Konfitüre – und zwar für jeden „Untergrund". Dann sollte der nette Mensch Ihnen nach und nach eines der zwölf belegten Quadrate zur Verkostung geben, und Sie müssen blind schmecken, ob Streichfett, Cremor oder „nichts" auf dem Toast ist. Unter fettreichem Brotbelag wie Käse oder Wurst werden Sie den „Untergrund" nicht herausschmecken, denn die geschmacksverstärkende Wirkung durch Fett liefert bereits der Belag. Aber bei der Konfitüre, die selbst fettfrei ist, werden Sie das Streichfett schmecken können.

Streichfett als „Klebstoff"

Anders als die Franzosen, die kaum Streichfett verwenden, haben wir Deutsche uns angewöhnt, unseren Brotbelag mit Butter oder Margarine „anzukleben". Wer fünf Scheiben Brot am Tag isst, jeweils zehn Gramm Butter oder Margarine aufstreicht, konsumiert allein dadurch pro Jahr schon 15 Kilogramm Fett! Zusammen mit Wurst oder Käse kommt man so ganz locker auf insgesamt 30 Kilogramm Fett pro Jahr.

Zwanzig Fettaugen sind das Ziel

Nehmen Sie bitte wieder Ihr „Tagebuch Essen & Trinken“ zur Hand. Zählen Sie bitte Seite für Seite die Fettaugen zusammen und tragen Sie die Summe in die Kästchen unten auf jeder Seite ein. Jetzt addieren Sie alle Fettaugen und teilen diese Summe bitte durch sieben. Das Ergebnis verrät Ihnen, wie viele Fettaugen Sie durchschnittlich pro Tag in dieser Woche gegessen haben.

Meine Fettaugen pro Tag:

Ihr Trainingsziel vereinbaren

Die PfundsKur empfiehlt Ihnen, pro Tag auf 20 Fettaugen zu kommen. Ihr Ziel für die nächste Woche hängt davon ab, wie viele Fettaugen Sie gerade ausgerechnet haben. Liegen Sie bei 30 oder mehr Fettaugen pro Tag, dann sollten Sie in der nächsten Woche versuchen, täglich etwa 5 Fettaugen weniger zu verzehren. Liegen Sie bei 20 bis 30 Fettaugen, dann können Sie sich Ihr Ziel auf 20 Fettaugen setzen.

Warum gerade 20 Fettaugen?

20 Fettaugen entsprechen 60 Gramm Fett. Da jedes Gramm Fett gut neun Kalorien liefert, kommen somit 540 Kalorien zusammen. Der „schlanke Mix“ – also mehr Kohlenhydrate und weniger Fett – besteht aus 30 Prozent Fettkalorien, 60 Prozent Kohlenhydrat- sowie 10 Prozent Eiweißkalorien. Wer insgesamt 1800 Kalorien pro Tag verspeist (das ist eine gute Menge zum Abnehmen) und 20 Fettaugen zählt, erfüllt genau den „schlanken Mix“, denn 540 Kalorien sind 30 Prozent des Tagesbedarfs von 1800 Kalorien. Dann sind noch gut 1300 Kalorien frei für Kohlenhydrate und Eiweiß – genug, um satt zu werden.

Wenn Sie unter 20 Fettaugen liegen

Dann haben Sie in der Tagebuchwoche tatsächlich bereits sehr fettkontrolliert gegessen. Bleiben Sie bei 20 Fettaugen pro Tag. Wenn Sie dabei nicht abnehmen, können Sie auf höchstens 15 Fettaugen heruntergehen. Weniger ist nicht empfehlenswert, denn eine Mindestmenge Fett braucht der Mensch.

Mein Fettaugen-Ziel für die nächste Woche:

Die Lebensmittelliste am Ende dieses Buches (siehe Seite 88 ff.) hilft Ihnen, die Fettaugen für Ihre Lebensmittel und Speisen zu bestimmen. Nach ein paar Tagen haben Sie die Werte im Kopf, sodass die Buchführung nicht mehr schwer fällt. Tragen Sie täglich die Fettaugen in die Tabelle oben auf Seite 37 ein.

Fettaugentabelle 3. Woche

Geplante Fettaugen	
Montag	
Dienstag	
Mittwoch	
Donnerstag	
Freitag	
Samstag	
Sonntag	
Gesamtsumme	
geteilt durch 7	:7
Tagesdurchschnitt	

Ganz wichtig – der Wochenschnitt

Sie sollen aber jetzt bitte kein pingeliger Fettaugen-Buchhalter werden. Also nicht die Fettaugen an einem bestimmten Tag zählen, sondern darauf achten, dass die Wochensumme stimmt. Sie können durchaus „Anleihen" machen, ein bisschen „auf Kredit" leben oder auch „Guthaben" bilden. Wer sich 20 Fettaugen pro Tag als Ziel vorgenommen hat, sollte versuchen, in der kommenden Woche auf 140 Fettaugen (= 7 x 20 Fettaugen) zu kommen. Da dürfen es am Montag ruhig auch mal 26 Fettaugen sein, wenn Dienstag und Mittwoch der „Kredit" eingelöst wird mit jeweils nur 17 Fettaugen. Hauptsache, die Wochensumme stimmt.

Kohlenhydrate und Eiweiß satt

Wer beim Abnehmen hungert, macht etwas falsch! Dieser Satz stimmt bei der PfundsKur, denn Kartoffeln, Brot, Gemüse, Nudeln, Reis, Obst, Salat und sogar fettfreie Süßigkeiten sind nicht verboten. Kohlenhydrate machen nämlich fit und nicht dick. Auch mit Eiweiß werden Sie ausreichend versorgt. Wer Fettaugen kontrolliert und liberal mit Kohlenhydraten umgeht, konsumiert etwa 60 bis 80 Gramm überwiegend pflanzliches Eiweiß. Das ist allemal genug. Darüber müssen Sie sich keine Sorgen machen.

Und was ist mit Alkohol?

Dafür werden Sie die blauen Fettaugen mitzählen, die auch in der Lebensmittelliste (siehe Seite 88 ff.) angegeben sind. Vor allem wenn Sie häufiger Alkohol zu einem Essen genießen, müssen Sie auf die blauen Fettaugen achten.

Zwingen Sie sich aber bitte nicht, jetzt nie mehr Alkohol zu trinken, wenn Sie bislang Ihr Gläschen Wein genossen haben. Das ist Ihnen weiterhin gegönnt, wenn Sie die blauen Fettaugen in die Tagessumme einbeziehen.

Ist Fett gleich Fett?

Info

Ja: Für die Auswirkung auf die Figur ist Fett gleich Fett. Hier wirkt das kaltgepresste Distelöl genauso wie das Kokosfett aus der Fritteuse. Jedes Gramm Fett liefert mehr als neun Kilokalorien – gleich welcher Herkunft.

Nein: Ernährungsphysiologisch bewertet sind Fette, die einfach oder mehrfach ungesättigte Fettsäuren enthalten, günstiger als Fette mit gesättigten Fettsäuren. Faustregel: Pflanzenfette wie etwa Olivenöl, Keimöl, Rapsöl haben eher günstigere Fettsäuremuster (Ausnahme Kokosfett). Tierische Fette haben größere Anteile an ungünstigen, gesättigten Fetten (Ausnahme Fischöl).

Fett sparen, aber wie?

Ihre wöchentliche Fettaugenbilanz können Sie nicht nur durch eine fettbewusste Auswahl Ihrer Speisen verbessern. Auch durch den sparsamen Einsatz von Fett bei der Zubereitung Ihrer Mahlzeiten können Sie unnötige Fettaugen vermeiden, ohne dass es geschmackliche Einbußen gibt (siehe Tipp „Fettsparen in der Küche"). Am besten aber beginnen Sie schon beim Einkaufen mit der Jagd auf versteckte Fettkalorien.

Werden Sie Fett-Detektiv

Jeder Supermarkt bietet eine Fülle an fettreduzierten Produkten an der Wurst- und an der Käsetheke. Im Kühlregal gibt es Milch mit 1,5 Prozent Fett und Halbfettbutter oder Halbfettmargarine. Nehmen Sie keine „Diät"-Streichfette, denn die sind nicht fettreduziert!

Beim Käse ist der „Fettgehalt i.Tr." deklariert. „i.Tr." steht für: in der Tro-

Tipp

Fettsparen in der Küche

Garmethoden:

- **Braten: Zum Braten eine beschichtete Pfanne verwenden und Kurzgebratenes mit wenig Öl bei großer Hitze anbraten.**
- **Dämpfen: Garen im heißen Wasserdampf in einem Einsatz in geschlossenem Topf ist eine äußerst schonende Form der Zubereitung. Die Zugabe von Fett entfällt. Dämpfen eignet sich besonders für Gemüse, Kartoffeln und Fisch.**
- **Garen in Alufolie: Die Zutaten gewürzt auf ein Stück Alufolie geben, verschließen und im Backofen garen. Eignet sich vor allem für Fisch und Gemüse.**

Soßen entfetten:

- **Soßen nicht mit Mehl binden (damit wird auch das Fett gebunden), sondern Gemüse wie etwa Möhren, Sellerie, Zwiebeln mitschmoren und anschließend pürieren. Das ergibt eine gute, fettarme Bindung.**
- **Ersetzen Sie Sahne in Rahmsoßen durch fettarme Milch und etwas Schmand.**
- **Am einfachsten ist es, die Soße erkalten zu lassen und die Fettschicht abzunehmen.**
- **Bei heißen Soßen Bratfett mit der Kelle abschöpfen oder mit Haushaltskrepp aufsaugen.**
- **Im Haushaltswarenhandel gibt es „Entfettungskännchen". Die Soße wird eingefüllt und wieder abgegossen, das Fett bleibt im Kännchen zurück.**

Salatsoßen:

- **Mit Ölzerstäubern aus dem Haushaltswarenhandel können Sie Öl wohl dosiert und sehr fein über den Salat verteilen.**
- **Salatdressing statt mit saurer Sahne oder Öl mit Joghurt anrühren.**
- **Ersetzen Sie Mayonnaise durch fettarme Salatmayonnaise.**

Der Blick auf die Zutatenliste hilft, gefährliche Fettfallen zu entdecken.

ckenmasse, und bedeutet, dass man in Gedanken das Wasser im Käse „abziehen“ muss. Als Faustregel gilt: Schnittkäse hat etwa 50 Prozent Wasser, also sind in 100 Gramm Edamer mit „40% Fett i.Tr.“ insgesamt nur 20 Gramm Fett. 100 Gramm Sahnequark mit „40% Fett i.Tr.“ enthalten nur elf Gramm Fett.

Anders bei der Wurst: Hier wird – wenn überhaupt – der Fettgehalt in Volumenprozent angegeben. Generell gilt: Je streichfähiger eine Wurst, desto fetter ist sie. Anstelle von Leberwurst zum Beispiel sollten Sie eher zu Putenschinken oder gekochtem Schinken greifen. Am besten fragen Sie an der Theke nach dem Fettgehalt.

Ausprobieren lohnt sich

Nicht alle fettreduzierten Produkte schmecken gut, aber auch nicht alle schmecken schlecht. Probieren Sie unterschiedliche Marken und Lebensmittel aus, bis Sie mit Fettaugengehalt und Geschmack zufrieden sind.

Aufgabe für die 3. Woche

Schauen Sie sich in aller Ruhe nochmals Ihr Tagebuch an. Sie erkennen dann, welche Lebensmittel und Speisen bei Ihnen Fettaugen ins Essen (oder in die Getränke) gebracht haben. Überlegen Sie sich, ob es fett- oder alkoholärmere Varianten zu Ihrer Lebensmittelauswahl gibt. Werden Sie zum Fett-Detektiv und kommen Sie dem Fett in Ihren alltäglichen Lebensmitteln auf die Spur. Das ist gerade in deutschen Supermärkten nicht so einfach – Sie werden sehen. In den USA steht der Fettgehalt auf jedem Produkt!

Wiegen nicht vergessen! Bitte tragen Sie Ihr Sonntagsgewicht auf Seite 31 ein. Und dann starten Sie mit Zuversicht in Ihre 4. PfundsKur-Woche als Fett-Detektiv mit dem scharfen Blick für gelbe und blaue Fettaugen.

Das PfundsKur-Kochbuch

Tipp

Im PfundsKur-Kochbuch von Ewald Braden finden Sie Klasse-Rezepte, die wunderbar schmecken und helfen, Fettaugen zu sparen. Ewald Braden, der selbst vor Jahren mit seinen Rezepten 15 Kilo abnehmen konnte, hat ein „glückliches Händchen“ dafür, genau so viel Fett zu sparen, dass der Geschmack nicht beeinträchtigt wird.

4. WOCHE

Sich satt essen und abnehmen

Volker Pudel Wie geht es Ihnen, Anke? Sind Sie zufrieden?

Anke Meister Eigentlich schon, ich kaufe wieder bewusster ein, wie nach meiner ersten PfundsKur. Und ich koche mit dem Buch von Ewald Braden. Tolle Rezepte. Übrigens: Am Sonntag hatte ich schon zwei Kilo weniger.

Volker Pudel Herzlichen Glückwunsch. Sie haben es aber auch etwas leichter als die anderen Teilnehmer. Sie müssen nur wieder alles aktivieren, was Sie schon einmal gelernt haben.

Anke Meister Klar, wenn ich im Supermarkt jetzt zu einem Produkt greife, dann fällt mir spontan ein, auf den Fettgehalt zu schauen. Ich war schon einmal Fett-Detektiv – nur hatte ich das in letzter Zeit vergessen.

Volker Pudel Schön, dass Sie sich wieder erinnern. Für alle anderen Leserinnen und Leser habe ich noch ein paar Tipps, wie sie ihren „Fettaugen-Blick" im Supermarkt schärfen können. Außerdem geht es nächste Woche ums Trinken. Für viele ist es ein Problem, ausreichend Flüssigkeit zu sich zu nehmen. Häufig wird es auch einfach vergessen.

Anke Meister Ich weiß, diese zwei Liter schaffe ich auch nicht immer.

Volker Pudel Dazu werde ich ein paar Tipps verraten. Denn gerade beim Abnehmen muss man ausreichend trinken.

Anke Meister Weiß ich auch, doch gesagt ist nicht gleich getan.

Volker Pudel Was bewegt Sie zur Zeit, Anke?

Anke Meister Jetzt, wo ich versuche, mich ausgewogener zu ernähren, mache ich mir schon Gedanken über unsere Lebensmittel. Fast Food überall. Immer mehr und immer billigere Fertiggerichte

Mein Tipp: Fettfallen entdecken!
Überall lauern Fettfallen, vor allem im Supermarkt oder im Fast-Food-Restaurant. Mein Kollege Dr. med. Thomas Ellrott und seine Frau Birgit haben die Angebote unter die Lupe genommen. Wenn Sie fettbewusst einkaufen und essen wollen, dann sind ihre Bücher „Fettfalle Supermarkt" und „Fettfalle Fast Food" genau richtig für Sie. Erschienen im Verlag Umschau:Braus.

in den Supermärkten. Man fragt sich dann schon, was da alles drin ist.

Volker Pudel Mit dieser Sorge sind Sie nicht allein. „Früher war alles besser“, denken sehr viele Verbraucher.

Anke Meister Ehrlich gesagt, ich auch. Manchmal wünsche ich mir die „guten alten Zeiten“ zurück – ohne BSE, Nitrofen und all die anderen Schlagzeilen der letzten Jahre.

Volker Pudel Gut, dann werde ich zu diesem Thema etwas erzählen. Es ist für uns Fachleute schon verwunderlich, dass in Zeiten eigentlich guter Lebensmittelqualität viele Menschen meinen, dass das Angebot nie so schlecht war wie heute.

Anke Meister Vielleicht, weil man heute durch Zeitung und Fernsehen häufiger mit Skandalen konfrontiert wird. Vielleicht auch, weil man immer weniger weiß, was genau man eigentlich isst? Ich meine, wer kocht heute schon noch selbst? Das kostet einfach alles zu viel Zeit – täglich kochen, überlegt einkaufen, in Ruhe essen und so weiter. Ich bin schließlich berufstätig. Da esse ich oft in der Kantine oder greife unterwegs schon mal zum Hamburger oder zum Döner.

Volker Pudel Das ist auch völlig normal. Deshalb verrate ich Ihnen und den Lesern diese Woche, wie man auch beim Essen außer Haus viele Fettaugen sparen kann. Und dass heutzutage niemand mehr Zeit hat, das scheint leider auch ganz normal zu sein. Woran liegt das?

Anke Meister Ich weiß es nicht. Wir sind mobiler denn je, haben Handy und Internet. Alles Erfindungen, die Zeit sparen sollen. Aber die Zeit wird trotzdem immer knapper.

Volker Pudel Gut, dann starte ich das Kapitel gleich mit ein paar Gedanken zu diesem spannenden Thema: „Keine Zeit – wirklich?“

Anke Meister Die Zeit zum Lesen jedenfalls werde ich mir nehmen.

Volker Pudel Und zum bewussten Einkaufen und Kochen bitte auch. Gut essen ist schließlich Lebensqualität. Oder wollen Sie darauf verzichten?

Anke Meister Nein, natürlich nicht. Aber ich muss schon ab und zu angestoßen werden, darüber nachzudenken.

Volker Pudel Dafür, liebe Anke, ist die PfundsKur auch da.

Trainerwechsel

Haben Sie sich schon gewogen? Zufrieden? Haben Sie Ihre Lehre als Fettdetektiv erfolgreich begonnen? Gut, denn in der 4. Woche wechselt die PfundsKur den Trainer – ab heute sind Sie es selbst. Ich stehe Ihnen noch mit ein paar Tipps zur Seite. Aber im Grunde wissen Sie jetzt selbst, worauf es ankommt: Fettaugen kontrollieren, richtig einkaufen, zweckmäßig auswählen, genussvoll essen und langsam, aber dafür dauerhaft abnehmen.

Sie setzen die Ziele

Versuchen Sie, in der 4. Woche Ihre Ziele der letzten Woche wieder zu erreichen. Bestimmen Sie Ihre Fettaugen und notieren Sie sie in der Tabelle (siehe Seite 44). Es sollte Ihnen in dieser Woche gelingen, die Wochenvorgabe tatsächlich zu realisieren. Aber Sie sind jetzt Ihr eigener Trainer und müssen sich fragen: War die Zielvorgabe zu hoch? War sie zu gering? Wenn ja, dann nehmen Sie bitte entsprechende Korrekturen vor, denn es ist wichtig, dass Sie Ihr Ziel (mit etwas Mühe) auch tatsächlich erreichen. Sonst schwindet die Lust, und das wollen weder Sie noch die PfundsKur.

Keine Zeit, wirklich?

Entscheidend ist, sich nicht zu überfordern. Bei der PfundsKur geht es um langfristige Ziele, die kein Mensch von heute auf morgen verwirklichen kann. Erfolgreiche Veränderungen brauchen Zeit – Zeit, die Sie sich gönnen sollten. Oft bleibt uns im Alltagsstress kaum eine freie Minute. Dabei haben alle Menschen im Grunde gleich viel Zeit, 24 Stunden am Tag, sieben Tage in der Woche, 365 Tage im Jahr. Und doch scheint der eine mehr zu haben als der andere. Sicherlich gibt es viele Faktoren, die unseren Zeitvorrat beeinflussen: Der Beruf, die Familie, die alltägliche Lebensorganisation – all diese Dinge kosten Zeit, oft mehr als uns lieb ist. Doch wie viel Zeit wir uns für uns selbst nehmen, das liegt in unserer Hand. Was wir für wichtig erachten, wo wir mehr Zeit investieren möchten, das bestimmen wir selbst. Ein Beispiel: Eine meiner Patientinnen sagte einmal bei einer Terminvereinbarung, sie habe am Freitag um 16 Uhr keine Zeit. „Das ist schade“, sagte ich, „denn ich wollte Ihnen eigentlich 500 Euro schenken“. Na, dann habe sie doch Zeit, antwortete sie.

Nehmen Sie sich Zeit und planen Sie die PfundsKur bewusst in Ihren Alltag ein.

Eine Frage der Motivation

Was ich mit dieser kleinen Geschichte deutlich machen möchte, ist, dass Zeit zu haben eigentlich eine Frage der Motivation ist. Sie haben Zeit, wenn Sie Zeit haben wollen. Natürlich sind 500 Euro für die meisten Menschen ein guter Grund, sich Zeit zu nehmen, werden Sie jetzt einwenden. Aber ist die Aussicht, „mehr Lust auf Leben" zu haben, das nicht auch?

Nehmen Sie sich also Zeit für Ihre PfundsKur. Sie sind nur fair zu sich selbst. Denn wer sich keine Zeit nimmt, verpasst sein Leben und trauert am Ende den ungenutzten Chancen nach. „Für mich habe ich immer Zeit", sollten Sie denken, damit Sie später sagen können: „Wie schön, dass ich dafür Zeit hatte".

Ausreichend trinken

Bisher drehte sich fast alles ums Essen. Doch mindestens ebenso wichtig ist, dass Sie ausreichende Mengen trinken, vor allem, wenn jetzt Ihr Gewicht schmilzt.

Empfehlen möchte die PfundsKur Ihnen Mineralwasser in jeder Form – ob still oder sprudelnd, das bestimmen Sie. Wenn Sie es gerne „mit Geschmack" haben, dann ist Fruchtsaftschorle passend. Zwei Drittel Mineralwasser, ein Drittel Fruchtsaft – das löscht den Durst und liefert Vitamine und Mineralstoffe.

Was die Menge anbetrifft, heißt es: je mehr, desto besser. Mindestens eineinhalb bis zwei Liter am Tag sollten es sein. An heißen Tagen sorgt schon der Durst dafür, dass Sie noch mehr trinken. Wer es mag, wird dann auch gerne leicht gekühlte Buttermilch trinken. Kaffee, Tee und Bier wirken harntreibend. Darum sollten Sie diese Getränke nur in Maßen genießen.

Trinken Sie regelmäßig und ausreichend: mindestens eineinhalb bis zwei Liter am Tag. Am besten Mineralwasser.

Ich schaffe diese Menge nicht

Vor allem ältere Menschen verzweifeln bei dem Gedanken, zwei Liter Flüssigkeit pro Tag trinken zu müssen. Oft ist das Durstgefühl bei ihnen sehr schwach ausgeprägt. Der PfundsKur-Tipp: Nicht bis zum Abend abwarten, denn dann sind zwei Liter Flüssigkeit nicht mehr zu schaffen. Aber wenn die Wasserflasche immer griffbereit in der Nähe steht und jede Stunde ein Glas getrunken wird, dann kommt mühelos die ausreichende Menge über den Tag zusammen. Bewährt hat sich dabei auch der Kurzzeitwecker, der jede Stunde einmal klingelt und uns daran erinnert: Ein Glas Wasser trinken.

Auswärts essen und Fett sparen?

Das ist sicherlich leichter gesagt als getan. Denn auf welcher Speisekarte wird der Gast schon über die Fettaugen im Essen informiert? Nirgends, mit Ausnahme der Restaurants und Kantinen, die aktive PfundsKur-Partner sind.

Im guten Restaurant kann manchmal der Ober bei der Auswahl helfen, wenn er weiß, wie die Küche kocht. Vorsicht ist aber in jedem Fall bei paniertem Fleisch geboten. Es hat immer viele Fettaugen. Sahne- und Buttersoßen ebenfalls. Auch Pommes frites und Kartoffelgratins sind stark fettaugenlastig.

Kaum Fettaugen

Bei klaren Suppen oder Brühen dagegen kann man nichts falsch machen. Salzkartoffeln, Reis oder Nudeln sind die richtigen Beilagen ohne Fettaugen-Risiko. Gemüse sollte gedämpft oder gedünstet sein. Mit Fisch, Kotelett natur oder Roastbeef isst der Gast ebenfalls gut und richtig.

Desserts

Der Nachtisch ist meist süß und sahnig, aber das erkennt man selbst. Obstsalate oder Sorbets dagegen schonen die Fettaugenbilanz. Fatal ist jedoch das „Verdauungsschnäpschen“ nach fettreichem Essen. Es stoppt, wie in der 2. Woche besprochen, die Fettverbrennung und ist geradezu ideal für eine unmittelbare Gewichtszunahme.

Wer in Restaurants die Speisekarte richtig liest und weiß, in welchen Gerichten die Fettaugen schlummern, der kann auch außer Haus seiner PfundsKur treu bleiben. Zugegeben, oft ist es nicht ganz so einfach, denn die Gastronomie spart überhaupt nicht mit Fett. Und Imbissstände schon gar nicht.

Döner und Co.

In Schnellrestaurants und Imbissbuden war für fettbewusste PfundsKur-Aktive die Auswahl bisher eher gering. Aber in letzter Zeit findet auch hier ein Sinneswandel statt und die großen Fast-Food Ketten bieten verstärkt so genannte „low fat“-Gerichte an, die fettreduziert zubereitet werden, oder nehmen fettarme Salate in ihre Speisekarte auf.

Tipp

Magerer Sahnequark

Quirlen Sie unter Magerquark einen guten Schuss Mineralwasser mit Kohlensäure. Dann schmeckt diese Mischung so cremig wie Sahnequark.

Fettaugentabelle 4. Woche

Geplante Fettaugen	
Montag	
Dienstag	
Mittwoch	
Donnerstag	
Freitag	
Samstag	
Sonntag	
Gesamtsumme	
geteilt durch 7	:7
Tagesdurchschnitt	

Nichtsdestotrotz gilt: Brat- und Currywürstchen, der Doppel-Cheeseburger, Frankfurter oder Wiener, das halbe Hähnchen kombiniert mit Pommes und Mayonnaise, die Pizzaecke, der Döner oder ein Gyros – das alles sind wahre „Fettaugenbringer".

Es ist nichts verboten!

Nichts gegen einen Döner oder ein Frankfurter Würstchen, wenn Ihnen bewusst ist, wie viele Fettaugen Sie da essen. Gönnen Sie sich gelegentlich (die Betonung liegt auf gelegentlich) ruhig eine „Fettbombe", denn wer versucht, konsequent standhaft zu bleiben, isst am Ende mehr, als er wollte. Wie bei so vielen Dingen im Leben erhalten auch die „verbotenen" Lebensmittel geradezu magische Anziehungskraft. Das werden wir in der nächsten Woche genauer besprechen.

Fast Food im Vergleich

Hamburger: Ein normaler Hamburger ist mit drei Fettaugen als Snack geeignet, ein Big Mac stellt mit knapp neun Fettaugen jedoch schon eine komplette Hauptmahlzeit dar. Entschärfungstipp: Statt Pommes mit Mayo einen Salat als Beilage wählen.
Döner: Enthält rund zehn Fettaugen und kommt damit nur als Hauptmahlzeit in Frage. Entschärfungstipp: Auf vegetarischen oder Geflügeldöner ausweichen.
Curry- oder Bratwurst: Schlägt schon solo mit 14 Fettaugen zu Buche, kommen Pommes dazu, werden schnell 19 Fettaugen erreicht. Entschärfungstipp: ein Brötchen oder Salat als Beilage.
Pizza: Ob tiefgekühlt oder frisch – der Klassiker aus Italien bringt rund zwölf Fettaugen auf die Waage und ist damit allenfalls als Pizzaschnitte für eine Zwischenmahlzeit geeignet. Entschärfungstipp: Statt Schinken oder Salami als Belag auf Gemüse umsteigen.

Achtung: Der Big Mac zwischendurch schlägt schon mit neun Fettaugen zu Buche.

Fast Food für die PfundsKur

Das schnelle Essen zwischendurch oder unterwegs, das können durchaus auch die Banane oder der Apfel sein – Kohlenhydrate pur. Auch das belegte Brot kann herrlich schmecken. Oder der Salatteller mit einem Joghurt-Dressing, eine Portion buntes Gemüse mit ein wenig geschmolzener Butter oder der Quark mit Früchten.

Süßhunger am Abend

Tipp

Wenn Sie abends das große Verlangen nach Süßem verspüren, dann naschen Sie doch einmal Russischbrot, Gummibärchen oder Rice-Crispies. Das sind alles Süßigkeiten ohne Fett.

Die „Fettfalle Supermarkt“

Achten Sie beim Fleischkauf auf den sichtbaren Fettanteil.

In der letzten Woche waren wir bereits im Supermarkt einkaufen. Haben Sie die „Fettfallen“ entdeckt und zum Beispiel auf „Fett i.Tr.“ und „Fett absolut“ geachtet? Sicherlich, die Riesenauswahl kann verwirren. Sie bietet aber auch eine einmalige Chance, bewusst einzukaufen. Hier noch ein paar Tipps, um eine bessere Wahl zu treffen:

Im so genannten „weißen Bereich“ werden seit Jahren sehr viele fettreduzierte Milchprodukte angeboten, von der fettarmen Buttermilch über den Joghurt mit 0,1 Prozent Fett bis hin zum Magerquark. Aber Vorsicht: Die Aufschrift „Light“ sagt allein nicht viel aus, denn dafür gibt es keine gesetzliche Regelung. Man muss trotzdem genau nach dem Fettgehalt schauen. Uneingeschränkt empfehlenswert ist aber Trinkmilch mit 1,5 Prozent Fett, denn diese Milch enthält genauso viel Kalzium wie die 3,5-Prozent-Variante.

Ohne Bedenken kann der Kunde auch im „grünen Sortiment“ einkaufen, das Gemüse und Obst anbietet. Mit Ausnahme von Avocado sind alle Gemüse- und Obstsorten – zumindest in Rohform – fettfrei. Bei Fleischprodukten ist das Fett sichtbar – somit auch kein Einkaufsproblem. An der Kuchentheke wissen Sie ebenfalls, was Sie kaufen, denn üppige Buttercreme oder Sahne sind mit bloßem Auge zu erkennen. Generell gilt: Die wirkungsvollsten „Light-Produkte“ sind allemal die, die immer schon kein Fett in sich hatten.

Achtung

Nüsse sind Fettbomben!

Mit Nüssen heißt es, eher sparsam umzugehen, denn 80 Prozent der Kalorien in Nüssen, gleich welcher Sorte, sind Fettkalorien. Da wird das „gesunde“ Müsli schnell zur Fettbombe, wenn zwei Hände voll Nüsse darüber gestreut werden. Gerade Erdnüsse, die sich so gut eignen, beim Fernsehen geknabbert zu werden, belasten die Fettaugenbilanz schwer: Schon 125 Gramm Erdnüsse füllen mit 20 Fettaugen das ganze Tageskonto.

Die Zutatenliste studieren

Wer die Brille beim Einkauf mithat, kann auch aus der Zutatenliste wichtige Informationen ziehen. Die einzelnen Zutaten müssen nämlich in der Rangfolge der zugegebenen Menge aufgelistet sein. Ein Beispiel: Steht auf der Zutatenliste der Keks-Packung „Zucker, Butter, Honig, Haferflocken, Sonnenblumenkerne" dann ist klar, dass mehr Butter als gesundes Getreide enthalten ist. Immer wenn Fett oder fetthaltige Zutaten auf den vorderen Positionen stehen, ist Vorsicht geboten.

Fertiggerichte

Viele Fertiggerichte deklarieren die Nährstoffe wie Fett, Kohlenhydrate, Eiweiß. Wenn nichts angegeben ist, sollte man auf diese Produkte verzichten. Ein Vergleich lohnt sich, denn zu fast jedem Lebensmittel gibt es fettreduzierte Varianten. Mit Tütensuppen macht man prinzipiell nichts falsch, denn sie sind alle eher fettarm. Bei Tiefkühlgemüse ist immer häufiger ein „Gewürzfettklumpen" beigepackt, der kaum zu entfernen ist. Aber auch hier gibt es inzwischen Alternativen ohne Fett.

Warum sich Fettsparen lohnt

Mit Ihrer Fettaugenbilanz, die Sie jetzt seit einer Woche führen, haben Sie einen wirklich großen Schritt getan. Zur Erinnerung: Es geht nicht darum, möglichst wenig oder gar kein Fett mehr zu essen. Das wäre grundfalsch, ungesund und außerdem gar nicht durchzuhalten. Sie trainieren vielmehr, den Fettgehalt in Ihrem Essen auf ein normales und gesundes Maß zu bringen. Sie wollen den „schlanken Mix" erreichen, das heißt, die Grundnährstoffe Kohlenhydrate, Fette und Eiweiße im optimalen Verhältnis in Ihren Speiseplan integrieren. Das hat Vorteile für Ihre Figur und bringt ein gesundes Mehr an Vitaminen, Mineral- und Ballaststoffen.

Für den „schlanken Mix" sollten die drei Hauptnährstoffe folgende Anteile an Ihrer täglichen Kalorienzufuhr haben:

- **Kohlenhydrate** 60 Prozent
- **Fett** 30 Prozent
- **Eiweiß** 10 Prozent

Wer fettnormalisiert und kohlenhydratliberal isst, verbessert also die ernährungsphysiologische Qualität seiner Nahrung und legt damit die Basis für mehr Leistungsfähigkeit, Gesundheit und Wohlbefinden. Denn Kohlenhydrate sind nicht nur figurfreundlich, sondern wirken auch positiv auf unsere Psyche. Sie sind im wahrsten Sinne des Wortes Nervennahrung und heben unsere Stimmung.

Tipp

Stimmungsmacher

Unser Wohlbefinden steigt, wenn wir mehr Kohlenhydrate zu uns nehmen. Dann nämlich wird unser Gehirn besser mit Trypothan versorgt, einem Stoff, aus dem Serotonin hergestellt wird. Serotonin wiederum ist ein Botenstoff, der Nervenzellen und Nervenleitungen besser miteinander kommunizieren lässt. Dadurch fühlt sich der Mensch ruhiger und ausgeglichener. Die PfundsKur sorgt also neben der Gewichtsabnahme auch für Ihre gute Laune. Das Gegenteil erreicht man mit eiweißreicher Diät, die bekanntlich oft zur Diätdepression führt.

Früher war alles besser – wirklich?

„Früher war die Ernährung besser.“ Das ist ein Satz, an den viele Verbraucher in Deutschland glauben. Gut, früher wusste man nichts von BSE, dem Pflanzenschutzmittel Nitrofen in Babynahrung oder Krebs erregendem Acrylamid in Pommes oder Kartoffelchips. Tatsache ist aber, dass Lebensmittelskandale schon seit 50 Jahren immer wieder unser Schlaraffenland heimsuchen und die Menschen verunsichern. „Was kann ich überhaupt noch essen?“ lautet die Frage, die sich fast jeder stellt oder schon mal gestellt hat.

Die Qualität der Lebensmittel in Deutschland ist besser denn je.

Gute Qualität der Lebensmittel

Dabei war die Lebensmittelqualität nie so gut wie heute – was nicht bedeutet, dass sie nicht noch verbessert werden kann. Aber nie zuvor wurde in Deutschland Herstellung und Lagerung von Lebensmitteln besser kontrolliert, nie war die Deklaration der Inhaltsstoffe strenger reglementiert. Die Schlagzeilen über Lebensmittelskandale, die in regelmäßigen Abständen in den Zeitungen auftauchen, beweisen letztlich auch, dass unsere Lebensmittelüberwachung funktioniert. Aber wie bei allen Regeln und Normen gibt es leider immer wieder Menschen, die die Lebensmittelgesetze missachten, um das schnelle Geld zu machen. Um es überspitzt auszudrücken: Auch das strengste Strafgesetz verhindert keinen Mord. Ebenso wenig kann auch unser im Grunde gutes Lebensmittelgesetz einen absoluten Schutz garantieren.

Unbegründete Furcht

Es ist paradox, wie wir Menschen mit der Bewertung von Gesundheitsrisiken umgehen, wann und vor was wir uns fürchten. Kaum ein Lottospieler würde glauben, dass die Chance, ermordet zu werden, siebenmal größer ist als ein Sechser-Tipp. In Deutschland ängstigen sich nur wenige Autofahrer, obwohl im Durchschnitt 20 Verkehrstote pro Tag zu beklagen sind. Die Angst vor „Schadstoffen“ in Lebensmitteln dagegen ist unverhältnismäßig präsent, Begriffe wie BSE oder Nitrofen sind auch lange nach dem Abklingen der Skandale noch in unseren Köpfen und verunsichern uns. Dabei wird unser Leben doch durch ganz andere Gefahren bedroht – Übergewicht zum Beispiel.

Schlechte Qualität der Auswahl

Die überwiegende Mehrheit der Menschen stirbt an Herz-Kreislauf-Erkrankungen – und die sind ernährungsabhängig. Aber nicht, weil die Qualität der Lebensmittel schlecht und darum gesundheitsschädigend wäre. Nein, wir Menschen stellen unsere Lebensmittel und Speisen ungünstig zusammen. Die Qualität der Auswahl ist mies, nicht die Qualität der Lebensmittel selbst.

Und da sind wir wieder unmittelbar bei den Zielen der PfundsKur. Sie verbessern sozusagen „automatisch" Ihre Lebensmittelauswahl und damit die Nährstoffversorgung, wenn Sie auf die Fettaugen achten und bei den Kohlenhydraten zugreifen.

Aufgabe für die 4. Woche

Starten Sie in die 4. Woche. Erkunden Sie genau die Produkte im Supermarkt. Lesen Sie aufmerksam die Speisekarten im Restaurant. Wählen Sie fettbewusst das Gericht aus, wonach Ihnen der Appetit steht. Buchen Sie Ihre Fettaugen in die Tabelle ein. Und denken Sie daran: Sie können Guthaben schaffen oder auch Kredite aufnehmen. Auf die Wochenbilanz kommt es an.

Bei den Kohlenhydraten wählen Sie nach Appetit und Geschmack. Vertrauen Sie auf die Sättigungsregulation Ihres Körpers. Ein Überessen mit Kartoffeln, Gemüse, Brot, Nudeln oder Reis ist nahezu unmöglich.

Tipp

Ich spare Fett, aber nehme nicht ab!

Das kann in seltenen Fällen vorkommen. Wenn Sie nicht sehr groß sind, schon viele Diäten gemacht haben oder sich wenig bewegen, dann haben Sie einen relativ geringen Energieverbrauch. Um ein Kilogramm Gewicht pro Woche abzunehmen, müssen etwa 7000 Kalorien eingespart werden. Wer zum Beispiel nur 1600 Kalorien am Tag verbraucht, darf jeden Tag nur noch gut 1000 Kalorien essen und trinken, um in zwei Wochen gerade mal ein einziges Kilogramm abzuspecken. Doch selbst wer nachhaltig Fettaugen spart und verstärkt Kohlenhydrate zu sich nimmt, kann leicht über seinen geringen Energieverbrauch kommen.

Was kann ich tun?

In diesem Fall empfiehlt Ihnen die PfundsKur, nicht beliebig große Mengen an Kohlenhydraten und nur bestimmte Kohlenhydratsorten zu konsumieren. Wählen Sie vor allem solche Kohlenhydrate aus, die wirklich satt machen, wie Gemüse, Kartoffeln, Nudeln oder Reis. Vollkornbrot ist ein besserer Sattmacher als Weißbrot. Stark zuckerhaltige Speisen und Soft-Drinks dagegen haben keinen guten Sattmacher-Effekt, belasten die Energiebilanz aber stark. Als Faustregel gilt: Alle süßen Kohlenhydrate sättigen weniger gut als die nicht-süßen. Und noch ein Tipp: Vergrößern Sie ihren täglichen Energiebedarf! Das gelingt am besten in einem bewegten Leben mit Übungen und Tipps aus Wolfgang Schlichts „PfundsKur-Aktiv-Programm".

5. WOCHE

Die PfundsKur-Halbzeit naht

Anke Meister Das war eine verrückte Woche. Erst hatte mein Mann Geburtstag. Dann gab es im Betrieb eine Jubiläumsfeier. Und ich wollte doch so standhaft bleiben und keinen Alkohol trinken.

Volker Pudel Wann wollten Sie „so standhaft bleiben“?

Anke Meister Die ganze Woche lang. Ich hatte es mir fest vorgenommen und mir immer wieder gesagt: „Du trinkst keinen Tropfen.“ Ich wusste ja, dass mich zwei Feste erwarteten.

Volker Pudel Und auf den Feierlichkeiten war es dann vorbei mit „standhaft bleiben“?

Anke Meister Aber total, muss ich Ihnen gestehen. Auf dem Geburtstag zwangen mich alle, mit ihnen anzustoßen: „Nur ein kleines Gläschen Sekt, Anke. Schließlich hat dein Mann heute Geburtstag! Sei doch nicht so!“ Was wollen Sie machen, wenn so ein Druck ausgeübt wird?

Volker Pudel Dann haben Sie Ihr Gläschen Sekt also getrunken, um niemanden zu verärgern?

Anke Meister Verärgern? Nee! Ich wollte nicht als Außenseiter dastehen. Meine Freunde sollen doch nicht von mir denken, dass ich ein Langweiler oder gar ein Spielverderber bin.

Volker Pudel Damit Ihre Freunde also gut über Sie denken, opfern Sie Ihre Standhaftigkeit und vergessen Ihre guten Vorsätze?

Anke Meister Eigentlich blöd, zugegeben. Aber es ging ja noch weiter. Nach dem Sekt habe ich auch noch Wein getrunken. Die blauen Fettaugen habe ich natürlich nicht mehr gezählt. Irgendwie war das dann auch alles egal.

Volker Pudel Klar, Ihr Vorsatz „Kein Alkohol!“ war sowieso gebrochen.

Anke Meister Ja, es war wie eine Art Dammbruch. Mir war dann wirklich alles egal. Aber glauben Sie mir, ich hatte danach nicht einmal richtig Freude am Fest ...

Volker Pudel ... sondern eher ein schlechtes Gewissen?

Anke Meister Ja genau, weil ich meine Absicht so schnell aufgegeben hatte.

Die PfundsKur-Halbzeit naht

5. Woche

Volker Pudel Und bei der Feier im Betrieb? Wie ist es Ihnen da ergangen?

Anke Meister Da war es ganz ähnlich. Ich wollte alles wieder gutmachen und hatte mir fest vorgenommen: „Heute gibt's kein Gramm Alkohol."

Volker Pudel Aber das war einfach nicht zu machen, denn Ihre lieben Arbeitskollegen ...

Anke Meister ... genau, die haben mich auch unter Druck gesetzt. „Einen guten Schluck in Ehren darf man nicht verwehren" und solche Sachen haben sie geredet. Außerdem wäre ich „dünn genug". Diese Aussage hat mich übrigens wahnsinnig geärgert – dünn genug ...

Volker Pudel Ja, und dann? War wieder alles egal, nachdem Sie den ersten „Schluck in Ehren" genommen hatten?

Anke Meister Leider war es so. Am Ende war ich richtig angesäuselt. Und am Sonntag habe ich mich dann auch nicht mehr gewogen. Diese Woche war wirklich ein Alptraum.

Volker Pudel Liebe Anke, ich hoffe, Sie sind mir nicht böse, wenn ich Ihnen sage, dass Sie sich diese Falle selbst gestellt haben. Sie haben sich mit Ihrem „absoluten Alkoholverbot" zu sehr unter Druck gesetzt. Gerade dieser feste Vorsatz war für Ihre Freunde und Kollegen leicht auszuhebeln.

Anke Meister Da können Sie Recht haben. Klar, jetzt wo Sie es erwähnen, erinnere ich mich wieder an die letzte PfundsKur und diese Sache mit den strengen Vorsätzen ...

Volker Pudel Richtig, „rigide Verhaltenskontrolle" sagen die Psychologen dazu. Darüber reden wir in dieser Woche. Denn die eigentlich gut gemeinten Absichten sind auch der Grund für die unzähligen Misserfolge beim Abnehmen. Typische „Abspeck-Vorsätze" wie „Nie mehr Fast Food", „Keine Schokolade" oder „Ab morgen nur noch Vollkornbrot" sind zu streng, zu unflexibel und können nicht durchgehalten werden. Genau wie Ihr Plan, liebe Anke, keinen Alkohol zu trinken. Den Ärger, den Sie erlebt haben, den haben Sie selbst programmiert. Schade Anke. Aber Sie sind ja wieder bei der PfundsKur. Auf ein Neues also ...

Vorsätze haben ihre Tücken

Menschen fassen „gute Vorsätze" eigentlich, um sich selbst zu helfen. Sie haben ganz bestimmt auch Ihre Erfahrungen mit „guten Vorsätzen". Hand aufs Herz – haben sie Ihnen wirklich geholfen? Oder ging es Ihnen mit den guten Vorsätzen eher wie unserer Frau Schmidt?

Verbannen Sie Schokolade nicht völlig aus Ihrem Leben. Dieser Vorsatz lässt sich nicht durchhalten.

Frau Schmidt, zum Beispiel

Da erfährt Frau Schmidt durch die PfundsKur, dass ihre geliebte Schokolade mehr Fett- als Kohlenhydratkalorien hat. „Das hätte ich nie gedacht", erschreckt sie sich und beschließt spontan: „Ab morgen esse ich nie mehr Schokolade", denn schließlich möchte sie abnehmen. Frau Schmidt wollte sich helfen. Darum fasst sie diesen „guten Vorsatz", der ihre Fettaugenbilanz entschärfen soll: Nie mehr Schokolade!

Doch jetzt hat das Gehirn von Frau Schmidt viel zu tun. Alle Gedanken drehen sich nur um Schokolade. Früher hat sie zwar auch an Schokolade gedacht, aber nicht ständig, so wie jetzt. Am nächsten Tag kommt ihr Mann nach Hause und überrascht sie mit einer Tafel Schokolade: „Hier, mein Schatz, weil deine Diät dich so nervt." Er packt die Tafel aus, bricht einen Riegel ab und reicht ihn seiner Frau mit einem freundlichen „Bitte!".

Frau Schmidt in der Falle

Was soll Frau Schmidt nun machen? Ihren lieben Mann, der endlich an sie gedacht hat, einfach enttäuschen? „Nein, bitte, ich esse nie mehr Schokolade!" Das will sie auch nicht. Was also tun? Sie bricht vorsichtig ein Stückchen vom Riegel ab und steckt es in den Mund. Sofort signalisieren ihr ihre Gedanken „Du hast deinen Vorsatz gebrochen! Was soll's – jetzt ist es auch egal!" „Ja wirklich", denkt sich Frau Schmidt und lässt sich zusammen mit ihrem Mann die Tafel Schokolade schmecken.

Fettaugentabelle 5. Woche

Geplante Fettaugen	
Montag	
Dienstag	
Mittwoch	
Donnerstag	
Freitag	
Samstag	
Sonntag	
Gesamtsumme	
geteilt durch 7	**:7**
Tagesdurchschnitt	

Rigide Verhaltenskontrollen

So wie Frau Schmidts selbst auferlegtem „Nie mehr Schokolade!“ ergeht es vielen Vorsätzen, die gut gemeint waren, aber

> **Vorsicht vor rigiden Vorsätzen, wie …**
>
> Ab morgen fahre ich jeden Tag Rad.
> Ich trinke nie mehr Wein.
> Ich esse nur noch Vollkornbrot.
> Ich esse jeden Tag eine große Portion Gemüse.
> Ich verwende nie mehr Streichfett.
> Ich trinke nur noch Mineralwasser.

im Alltag einfach nicht durchzuhalten sind. Vorsätze, die die Worte „immer“, „nur noch“, „ab sofort“ oder „nie mehr“ enthalten, sind gefährliche Vorsatzfallen, die über kurz oder lang zuschnappen. Solche Vorsätze sind absolut, rigoros, setzen null Prozent oder aber 100 Prozent zum Ziel.

Wir nennen diese Vorsätze „rigide Verhaltenskontrollen“, weil sie starr und unnachgiebig sind und keinen Freiraum lassen. Frau Schmidt wollte sich auch mit einer rigiden Verhaltenskontrolle helfen, was ihr sogar gelang – allerdings nur so lange, bis ihr Mann mit der Schokolade kam.

Rigide Verhaltenskontrollen sind absolut. Darum brechen sie bei der geringsten Überschreitung in sich zusammen. Der Vorsatz wird durch eine eigentlich normale Verhaltensweise außer Kraft gesetzt, der Kopf stellt fest: „Jetzt ist es auch egal.“ Wieder ein Misserfolg, der das Wohlbefinden ankratzt.

Kein persönliches Versagen

Wenn Sie auch schon Misserfolge erlebt haben, weil Ihre Vorsätze rigide waren, dann ist das keine persönliche Schuld. Sie waren einfach nicht fair zu sich. Sie meinten es gut, aber haben sich letztlich selbst eine Falle aufgestellt, die zuschnappen musste.

Im Schlaraffenland helfen rigide Verhaltensvorsätze einfach nicht weiter. Von Schokolade umgeben, macht es keinen Sinn, sich einem totalen Schokoladenverbot zu unterwerfen. Solche Vorsätze helfen nur in dem Moment, in dem man sie fasst. Dann fühlt man sich gut und ist überzeugt, sich selbst geholfen zu haben. Ein typischer Zeitpunkt ist der letzte Tag im Jahr – Silvester. Man lässt das alte Jahr in Gedanken vorüberziehen und denkt über „Sünden“ und Versäumnisse nach. Zu viel geraucht! Zu wenig bewegt! Falsch gegessen! Zu viel Rotwein! „Das muss anders werden“, beschließen wir und verordnen uns selbst eine strenge Kur: Keine Zigaretten! Täglich mit dem Rad ins Büro! Nie mehr Schokolade! Nie mehr Rotwein!

Gerade gute Vorsätze für das neue Jahr werden rasch gebrochen, weil sie zu rigide sind.

Vage Vorsätze sind keine Kontrolle

Genauso untauglich wie rigide Verhaltenskontrollen sind Vorsätze, die kein konkretes Ziel formulieren. Typische Vorsätze wie „Ich esse weniger Schokolade“ oder „Ich werde mich mehr bewegen“ können langfristig nicht helfen, da sie weder Zeit noch Menge konkret planen. Denn wann ist „weniger Schokolade“ wirklich wenig genug oder „mehr Bewegung“ wirklich mehr. Solch vage Vorsätze lassen kein Erfolgsgefühl entstehen, weil Sie nicht überprüfen können, ob Sie Ihr Ziel „wenig“ oder „mehr“ erreicht haben.

Auch Vorsätze, die weder einen eindeutigen Zeitraum, noch ein konkretes Ziel vorgeben, sind unbrauchbar.

Flexible Verhaltenskontrolle

Die Leidenswege figurgeplagter Menschen sind gepflastert mit rigiden Vorsätzen, die zur so genannten Gegenregulation führen. Damit bezeichnen Psychologen Sätze wie „Jetzt ist es auch egal“. Der gute Vorsatz wird einfach „wegreguliert“ – durch ein eigentlich unbedeutendes Ereignis. Denn ein Gläschen Sekt hätte Anke Meister nicht geschadet, und auch Frau Schmidt wäre von einem Stückchen Schokolade nicht dicker geworden. Im Unterschied zu rigiden Vorsätzen lassen ihnen flexible Verhaltenskontrollen Freiheit, um sich selbst zu steuern. Sie gelten nicht gleich für das ganze Leben, sondern erlauben Korrekturen.

Tipp

So planen Sie Ihre Vorsätze flexibel

Sie planen eine flexible Verhaltenskontrolle am besten, indem Sie sich einen bestimmten Zeitraum, beispielsweise eine Woche, vornehmen und für diese Zeit ein konkretes Ziel setzen, das nur ein wenig über oder unter der bisher üblichen Ess- oder Trinkmenge liegt. Vermeiden Sie in Zukunft, sich durch rigide Kontrollen unter Druck zu setzen. Es ist die „beste“ Methode, sich Misserfolge zu programmieren und den Weg zum eigenen Wohlbefinden zu verbauen.

Frau Schmidt mit der PfundsKur

Frau Schmidt, die bisher pro Woche vier Tafeln Schokolade konsumiert hat, möchte Fettaugen sparen. Darum beschließt Sie: „In der kommenden Woche versuche ich, mit zwei Tafeln Schokolade auszukommen.“ Sie hat sich eine konkrete, überschaubare Zeitspanne vorgenommen (eine Woche) und sich ein realistisches Ziel gesetzt (zwei Tafeln Schokolade).

Erfolg durch flexible Vorsätze

Frau Schmidt hat damit alle Chancen, erfolgreich zu sein. Ihr Vorsatz gibt ein konkretes Ziel vor, lässt ihr aber genügend Spielraum, um nicht durch eine geringe Überschreitung außer Kraft gesetzt zu werden. Frau Schmidts Vorsatz ist flexibel und ein Stück Schokolade von ihrem Mann kann ihre Absicht nicht mehr gefährden.

Mit flexibler Verhaltenskontrolle werden auch Sie erfolgreich Ihr Essverhalten trainieren. Flexible Vorsätze berücksichtigen Ihre Bedürfnisse, sie sind fair und darum menschenfreundlich.

Aufgabe für die 5. Woche

Planen Sie für die kommende Woche einen flexiblen Vorsatz. Sie haben freie Auswahl. Gibt es zum Beispiel eine Eigenschaft, die Sie immer schon an sich ändern wollten? Oder erinnern Sie sich noch an einen rigiden Vorsatz, den Sie nicht durchgehalten haben? Dann wandeln Sie bitte diesen rigiden Vorsatz in einen flexiblen Vorsatz um.

Außerdem gilt es, Ihr Sonntagsgewicht festzustellen und Ihre Fettaugenbilanz wie bisher einzuhalten. Denken Sie daran: Die Fettaugenkontrolle wird flexibel vorgenommen – die Wochenbilanz muss stimmen. Viel Erfolg!

Flexible Vorsätze beziehen sich auf eine überschaubare Zeit.

Flexible und rigide Vorsätze

Check

Mit diesem Test können Sie prüfen, ob Ihnen das Prinzip der flexiblen Verhaltenskontrolle und der flexiblen Vorsätze ganz klar ist.

Kreuzen Sie bitte alle flexiblen Vorsätze an:

- Im kommenden Monat werde ich 50 Kilometer mit dem Rad fahren. ☐
- Ich werde jeden Tag fünf Kilometer mit dem Rad fahren. ☐
- Ich esse in der nächsten Woche ein Päckchen Vollkornbrot. ☐
- Zum Frühstück esse ich nur noch Vollkornbrot. ☐
- Ich trinke abends nur ein Glas Wein. ☐
- Ich trinke in den nächsten vier Wochen 30 Gläser Wein. ☐
- Ich versuche, in den nächsten 14 Tagen zehnmal Gemüse zu essen. ☐
- Ich esse jetzt jeden Tag eine Portion Gemüse. ☐
- Ich verwende kein Streichfett mehr. ☐
- In der nächsten Woche nehme ich noch siebenmal Streichfett. ☐
- Ich esse jeden Tag zwanzig Fettaugen. ☐
- Ich versuche, in der Woche mit 140 Fettaugen auszukommen. ☐
- Ich trinke täglich zwei Liter Mineralwasser. ☐
- Ich versuche, stündlich ein Glas Mineralwasser zu trinken. ☐

Haben Sie sieben Kreuze gemacht? An den richtigen Stellen? Das entscheiden Sie selbst, denn Sie wissen jetzt, was flexible Kontrolle ist. Immer, wenn eine geringe Über- oder Unterschreitung nicht gleich zu dem berühmten Satz „Jetzt ist es auch egal" führt, dann ist der Vorsatz fair und erfolgreich, weil flexibel.

6. WOCHE

Wenn die Seele Hunger hat

Volker Pudel Hallo Anke, herzlich willkommen zur Halbzeit. War die letzte Woche wieder so verrückt? Mussten Sie wieder einige Ihrer guten Vorsätze brechen oder waren Sie fair zu sich selbst?

Anke Meister Nein, diese Fehler habe ich nicht noch mal gemacht, Gott sei Dank. Ihren Ratschlag zur flexiblen Verhaltenskontrolle habe ich befolgt. Es funktioniert tatsächlich.

Volker Pudel Hatten Sie wieder eine Feier?

Anke Meister Nee, keine richtige Feier. Ein Arbeitskollege wurde in den Ruhestand verabschiedet. War alles ein bisschen steif, aber ich war „flexibel".

Volker Pudel Gut, wie haben Sie das denn hingekriegt?

Anke Meister Das ist ganz einfach, wenn man nur weiß, wie es geht. Ich hatte mir in der letzten Woche vorgenommen, maximal fünf Gläser Wein zu trinken. Das war schon alles.

Volker Pudel Und dann hat das erste Glas Sie nicht umgehauen.

Anke Meister Richtig, ich habe mit den Kollegen einfach ein Glas getrunken. Die haben mich danach auch nicht aufgefordert, noch ein zweites Glas zu trinken.

Volker Pudel Es fällt ja auch nur auf, wenn Sie gleich zu Beginn jeden Tropfen verweigern. Das haben Sie ja beim Geburtstag Ihres Mannes und auf dem Betriebsfest erlebt.

Anke Meister Ja, schrecklich war das. Aber jetzt weiß ich, wie man's macht. Ist im Grunde wirklich einfach und erspart viel Stress.

Volker Pudel Und gerade Stress macht oft noch zusätzlichen Appetit. Manche Menschen leiden direkt unter „Kummerspeck", wie der Volksmund so schön sagt.

Anke Meister Kenne ich auch. Der Tag war anstrengend, es läuft nichts im Fernseher und mein Mann ist noch unterwegs. Da gehe ich in die Küche und finde im Kühlschrank natürlich was zu essen. Obwohl ich nicht wirklich Hunger habe ...

Volker Pudel Aber das Essen tröstet. Gerade Schokolade ist ein wirklicher Seelentröster.

Wenn die Seele Hunger hat

6. Woche

Anke Meister Schmeckt ja auch toll und danach geht es mir besser.

Volker Pudel Wirklich? Schon nach der ersten Tafel, die Sie vernascht haben?

Anke Meister Oft nicht, weil ich dann richtig sauer auf mich bin, dass ich die ganze Tafel gegessen habe. Zur Beruhigung vertilge ich dann meist noch eine zweite.

Volker Pudel Ja, das kann ein richtiger Teufelskreis sein. Aber Sie sind damit nicht alleine, liebe Anke. Eine repräsentative Umfrage ergab, dass weit über 50 Prozent der deutschen Frauen unter solchen „Essanfällen" leiden. Die „Heiß- oder Süßhungerattacke", wie die Ernährungsexperten es nennen, ist eines der am weitesten verbreiteten Essprobleme in unserer Gesellschaft.

Anke Meister: Und ich dachte, das wäre mein ganz persönliches Problem. Weil ich nicht genug Willenskraft habe, gegen diesen Heißhunger anzugehen. Schließlich zwingt mich ja keiner, die Schokolade zu essen. Ich möchte ja auch gerne standhaft bleiben. Aber es klappt einfach nicht!

Volker Pudel: Standhaft bleiben wäre auch grundverkehrt. Denn irgendwann würde der Heißhunger umso heftiger zuschlagen.

Anke Meister: Und was kann ich dann machen, Ihrer Meinung nach?

Volker Pudel: Essen! So seltsam es auch klingen mag, bei Essanfällen hilft eigentlich nur „essen". Und natürlich die richtige Vorsorge, damit der Heißhunger erst gar nicht aufkommen kann. Aber dazu gebe ich ein paar Tipps in dieser Woche. Im Übrigen sollten Sie froh sein, dass Schokolade schon vor Jahrzehnten erfunden wurde.

Anke Meister Warum?

Volker Pudel Schokolade ist in der Tat ein echtes Beruhigungsmittel. Wäre sie erst in den letzten Jahren erfunden worden, würde sie wohl auch eher in der Apotheke als im Supermarkt verkauft werden.

Anke Meister Das meinen Sie nicht ernst, oder?

Volker Pudel Nein, war ein bisschen Spaß. Aber mit ernstem Hintergrund. Darüber werde ich jetzt in der 6. Woche etwas erzählen.

Halbzeit bei der PfundsKur!

Ich gratuliere Ihnen, dass Sie noch dabei sind. Sie können stolz auf sich sein, denn Sie haben beschlossen, sich mehr Lust auf Leben zu gönnen. Und genau das tun Sie jetzt schon ganze fünf Wochen lang.

Starten Sie nun in die 6. Woche. Sie zählen weiter Ihre Fettaugen? Sie haben bereits abgenommen? Denken Sie immer daran: Wer sich zu viel vornimmt, wird verlieren. Darum nehmen Sie sich ruhig Zeit, um Ihre dicke Chance für die schlanke Linie zu nutzen.

Süßer Seelentröster: Schokolade vertreibt Kummer und schlechte Laune.

Nahrung für Körper und Geist

In der 6. Woche legt die PfundsKur den Schwerpunkt auf die Psyche, denn wenn wir essen, will auch die Seele satt werden. Wir alle kennen das Gefühl: Plötzlich ist die Schokolade einfach unwiderstehlich. Das Verlangen nach Süßem steigert sich ins Unermessliche. Der Ruf des Körpers ist nicht zu überhören: Ich will jetzt etwas Süßes! Sofort!

Kummerspeck

Das Resultat dieser plötzlichen Gier nach Süßem nennt der Volksmund „Kummerspeck“. Wenn Essen zum Trost wird. Wenn Schokolade oder Pralinen zur Stimmungsaufhellung genascht werden. Wenn wahllos der Kühlschrank geräubert wird. Wenn sich die innere Stimme meldet und unmissverständlich nach einem verlangt: Essen!

Dann brechen alle guten Vorsätze zusammen. Und am Ende meldet sich das „schlechte Gewissen“ und aktiviert Schuldgefühle, wenn der Blick auf die leere Silberfolie fällt, die einmal die Tafel Schokolade umhüllte. Oft kann dann nur eine zweite Tafel trösten – doch der Trost hält nicht lange an.

Zucker ist Nervennahrung

Schokolade tröstet wirklich, das ist erwiesen. Denn Schokolade enthält Zucker, und der steigert im Gehirn die Produktion des körpereigenen Glückshormons Serotonin. So lernt der Organismus, bei Unbehagen, Stress, aber auch Langeweile oder Kummer das Signal „Süßhunger“ zu setzen. Haben Sie Erfahrung mit diesem heftigen Süßhunger? Dann wissen Sie auch, dass es Ihnen in solchen Situationen nicht wirklich gut geht. Ihr Organismus verlangt nach Trost – nach süßem Trost.

„Standhaft bleiben!“

Dieser Gedanke kommt immer als erster in den Sinn. „Jetzt bitte keine Süßigkeiten, schließlich möchte ich doch abnehmen.“ Schade, denn so einfach lässt sich der Süßhunger nicht bändigen.

Im Gegenteil, je standhafter der Kopf dagegen andenkt, desto stärker wird das

Fettaugentabelle 6. Woche

Geplante Fettaugen	
Montag	
Dienstag	
Mittwoch	
Donnerstag	
Freitag	
Samstag	
Sonntag	
Gesamtsumme	
geteilt durch 7	:7
Tagesdurchschnitt	

Verlangen. Schließlich „bricht der Damm" und nach dem ersten Stückchen Schokolade kommt der bekannte Satz: „Jetzt ist es auch egal!" Der gute Vorsatz „Standhaft bleiben!" ist dahin.

Was hilft denn wirklich?

Gegen Hunger hilft eigentlich nur eines: Essen. Daher empfiehlt Ihnen die PfundsKur: Kaufen Sie sich fettarme oder fettfreie Süßigkeiten, zum Beispiel Gummibärchen, Russischbrot oder Fruchtbonbons, die Sie abgepackt in kleinen Portionen bereitlegen. Wenn Sie etwas spielerisch veranlagt sind, dann kleben Sie auf die Portionsbeutel noch ein „rotes Kreuz", was signalisiert: „Meine Notration, die ich naschen darf!"

Wenn der Süßhunger Sie überrascht, dann – bitte – mit gutem Gewissen die Notration essen. Mit dieser flexiblen Verhaltenskontrolle haben Sie Spielraum und vermeiden, dass der Damm vollends bricht und Sie vor einem (fast) leeren Kühlschrank den Katzenjammer bekommen.

Kohlenhydrate sind immer ein Trost

Wenn Sie bereits mehr Kohlenhydrate essen und mit 20 Fettaugen am Tag auskommen, sollte der Süß- und Heißhunger bei Ihnen schon seltener auftreten. Denn wenn Sie tagsüber verstärkt Kohlenhydrate konsumieren, wirken Sie dem Auslöser für den Süßhunger entgegen, da ausreichend Serotonin im Gehirn produziert werden kann.

Wenn Süßhunger sich meldet, darf man nicht „standhaft bleiben".

Tipp

Was tun bei Süß- und Heißhunger?

Bei Süß- und Heißhungerattacken sollten Sie sich vor allem nicht zwingen, „standhaft zu bleiben". Das macht alles nur noch schlimmer. Legen Sie sich stattdessen Ihre speziellen „Süßhunger-Portionen" für den Notfall bereit.

Essen Sie sich von morgens bis abends gut satt mit Kohlenhydraten, sodass Ihr Serotonin-Haushalt ausgeglichen bleibt.

Versuchen Sie, Ihre typischen „Süßhunger-Situationen" zu meiden. Laden Sie Gäste ein, gehen Sie abends ins Kino, verabreden Sie mit Freunden einen Besuch im Restaurant – vor allem, wenn Sie schon gegen Spätnachmittag „nicht so gut drauf sind". Sie werden erleben, dass Heiß- und Süßhunger Sie nicht in Gesellschaft überraschen. Und wenn Sie doch einmal alleine sind und „süßen Trost" brauchen, dann gönnen Sie sich das, wonach der Körper verlangt (mit möglichst wenig Fettaugen, natürlich!).

Abends sinkt die Selbstkontrolle

Neben dem Serotoninmangel gibt es aber noch einen anderen Grund für die plötzlichen Hungerattacken. Am Tag haben die meisten Menschen ihr Essverhalten gut unter Kontrolle. Sie wählen Speisen bewusst aus und lassen durchaus einmal Reste auf dem Teller, auch wenn sie noch nicht satt sind. Mit starker Selbstkontrolle schaffen sie es, ihren Hunger „in Schach zu halten". Das gelingt besonders gut, wenn Kollegen oder Freunde mit am Tisch sitzen.

Am Abend jedoch sinkt die Selbstkontrolle dieser Menschen oft und sie verfallen ins ungehemmte Schlemmen. Wissenschaftliche Studien bestätigen diese Erfahrung. Heiß- oder Süßhunger treten eigentlich nur abends auf, wenn Menschen alleine sind, wenn Probleme auf die Stimmung drücken oder Langeweile sie quält.

Stress baut Kontrolle ab

Alle Stresssituationen schwächen die Selbstkontrolle. Auch Langeweile und Einsamkeit bedeuten enormen Stress für die menschliche Seele. Ein kleiner Appetit, der tagsüber noch gut durch die Selbstkontrolle gezügelt werden kann, bahnt sich am Abend dann als Hunger seinen Weg ins Bewusstsein und plötzlich kreist das ganze Denken nur noch um ein Thema: Essen!

Heißhunger entsteht, wenn ...

- die Selbstkontrolle nachlässt,
- man unter Stress steht oder gelangweilt ist,
- zu wenig gegessen wurde,
- zu wenig Kohlenhydrate verzehrt wurden.

Stress ist häufig ein Auslöser für Heiß- und Süßhungerattacken.

Satt essen ist Pflicht

Darum gilt als oberster Grundsatz bei der PfundsKur: Bitte satt essen. Wer am Tag seine Hungergefühle zurückdrängt, wird spätestens gegen Abend vom Hunger überrascht. Und wenn dann die Selbstkontrolle unter Stress leidet, bahnt sich die Heißhungerattacke ihren Weg. Unaufhaltsam, doch leider mit bösen Nachwirkungen, wie Schuldgefühlen und schlechtem Gewissen (von den konsumierten Fettaugen ganz abgesehen). Im schlimmsten Fall kann dieses Schema sogar zu Essstörungen führen, die für die Gesundheit und die Psyche ein erhebliches Risiko darstellen.

Aufgabe für die 6. Woche

Versuchen Sie, sich in der kommenden Woche auf den möglichen Süßhunger vorzubereiten. Legen Sie Ihr Fettaugenziel, je nach Gewichtsabnahme, für die kommende Woche fest. Nicht vergessen: Es kommt auf die Wochenbilanz an. An einzelnen Tagen können Sie mit Guthaben oder Krediten arbeiten, sodass Sie auch einmal üppiger speisen dürfen.

Üben Sie weiter „flexible Verhaltenskontrolle", damit Sie den Überfluss beim Essen gut managen können, ohne gleich in die Falle „Jetzt ist es auch egal" zu tappen.

Vergessen Sie bitte nicht, sich zu wiegen und Ihr aktuelles Gewicht in die Tabelle auf Seite 31 einzutragen. Und dann geht es mit Schwung in die nächste PfundsKur-Woche.

Formen von Essstörungen

Info

Essstörungen sind die Kehrseite des Schlankheitsideals in unserer Gesellschaft. Zu den Essstörungen gehören Magersucht (Anorexia nervosa), Ess-Brech-Sucht (Bulimia nervosa) und die Esssucht (Binge Eating Disorder). Für Menschen mit Essstörungen bedeutet Nahrungsaufnahme eine permanente Bedrohung. Nicht der Appetit auf Schmackhaftes, der Genuss oder echter Hunger prägen ihr Essverhalten, sondern die Angst vor Kalorien. Menschen mit Essstörungen denken den ganzen Tag ans Essen, haben aber panische Angst davor, zuzunehmen. Häufige Diäten sind oft der Auslöser für eine Essstörung.

Magersucht

Menschen mit Magersucht empfinden sich als zu dick, haben objektiv allerdings erhebliches Untergewicht. Der Gewichtsverlust beherrscht Denken und Handeln, die betroffenen Personen weigern sich, in ausreichendem Maße Nahrung zu sich zu nehmen. Die Abmagerung kann bis zum Tode führen.

Ess-Brech-Sucht

Die Ess-Brech-Sucht ist durch regelmäßige Heißhungerattacken gekennzeichnet, an die sich selbst herbeigeführtes Erbrechen anschließt. Die Essattacken empfinden Betroffene als Kontrollverlust, mit dem Erbrechen versuchen sie eine Gewichtszunahme durch Essanfälle zu verhindern.

Esssucht

Wie bei der Ess-Brech-Sucht treten bei Betroffenen regelmäßig Heißhungerattacken auf. Allerdings kompensieren Esssüchtige ihre Essattacken nicht mit anschließendem Erbrechen. Nach den Essanfällen fühlen sich die Betroffenen häufig angeekelt und schuldig. Langfristig kann dieses Verhalten zu Depressionen und Persönlichkeitsstörungen führen.

7. WOCHE

Bunte Mahlzeiten fördern die Gesundheit

Volker Pudel Guten Tag, Anke. Wie geht es Ihnen? Hatten Sie ein interessantes Erlebnis in der letzten Woche?

Anke Meister Ich habe zum ersten Mal Russischbrot gegessen. Ganz ehrlich, Schokolade ist besser, aber diese braunen Buchstaben-Kekse wirken auch.

Volker Pudel Gab es einen besonderen Grund dafür?

Anke Meister Oh ja, ich war alleine. Mein Mann war auf Montage, meine Freundin rief an und sagte unseren gemeinsamen Kinobesuch ab. Einfach so! Ich war stinksauer, hatte richtig Wut – und ganz plötzlich war sie da: diese Lust auf etwas Süßes. Dann habe ich mir mein erstes Notpäckchen geholt. Und dann noch eines. Hat geholfen. Also ehrlich, ich kam mir schon ein bisschen komisch vor. Aber ich hatte danach wenigstens kein schlechtes Gewissen.

Volker Pudel Das freut mich, wenn die PfundsKur-Tipps so gut funktionieren. Haben Sie gut gemacht, Anke!

Anke Meister Danke, war aber Ihr Tipp. Gibt's bei Ihnen denn was Neues?

Volker Pudel Heute möchte ich über etwas ganz Tolles reden – über die pflanzlichen Schutzengel.

Anke Meister Klingt spannend. Aber Sie meinen nicht wirklich, dass es „essbare Schutzengel" gibt, oder?

Volker Pudel Doch, das ist es ja gerade. Mit der richtigen Essensauswahl können wir tatsächlich Schutzengel essen, die zum Beispiel Krebs und Herz-Kreislauf-Krankheiten vorbeugen.

Anke Meister Glaube ich nicht! Dagegen gibt es doch kaum Medikamente. Und Sie wollen mir erzählen, dass Essen da helfen kann?

Volker Pudel Nein, nicht einfach „Essen" hilft, sondern nur das „richtige Essen". Ja, wirklich! Große wissenschaftliche Untersuchungen beweisen, dass es diese Schutzengel in der Nahrung tatsächlich gibt und dass sie wirken.

Bunte Mahlzeiten fördern die Gesundheit

7. Woche

Anke Meister Und wo kann ich diese Schutzengel kaufen?

Volker Pudel Nicht in der Apotheke, sondern auf dem Markt und im Supermarkt. Und natürlich finden Sie sie auch im eigenen Garten. Jetzt staunen Sie, oder?

Anke Meister Ich bin platt. Davon hatte ich keine Ahnung. Haben Ihre Schutzengel denn auch einen Namen?

Volker Pudel Natürlich, ganz viele Namen. Sie heißen zum Beispiel Carotinoide, Phytosterine, Polyphenole oder Phytoöstrogene.

Anke Meister Habe ich noch nie gehört. Die gibt es nicht im Supermarkt! Und in meinem Garten schon gar nicht!

Volker Pudel Doch, aber sie sind in die Lebensmittel „eingebaut". Sie stecken vor allem in Obst und Gemüse, aber auch in Getreideprodukten, Gewürzen, Ölen oder Tee. Es sind aber weder Vitamine noch Mineralstoffe. Man kann sie nicht sehen, auch nicht riechen oder schmecken.

Anke Meister Unsichtbar, ohne Geschmack und ohne Geruch – aber sie wirken gegen Krebs? Klingt nach Wunder – oder Märchen.

Volker Pudel Ja, es sind in der Tat ganz „wunderbare" Stoffe. In den Pflanzen haben diese Substanzen ganz unterschiedliche Funktionen: Sie regulieren das Wachstum, locken als Farb- oder Duftstoffe Tiere zur Blütenbestäubung an oder schützen vor schädlichen Umwelteinflüssen. Ähnliche Aufgaben übernehmen sie auch im menschlichen Körper: Sie stärken unser Immunsystem, regulieren Blutzucker- und Cholesterinwerte und hemmen möglicherweise sogar Krebs. Darum stelle ich in der 7. Woche diese Schutzengel ausführlicher vor, damit sie jeder kennt und weiß, mit welchen Lebensmitteln er sie zu sich nimmt.

Anke Meister Sie machen mich neugierig, Herr Professor Pudel. Ich denke, ich werde gleich mal in das Kapitel zur 7. Woche reinschauen.

Volker Pudel Das wollte ich auch erreichen. Schön, dass es mir gelungen ist. Danke, Anke.

Schutzengel im Essen

Herzlich willkommen zur siebten Woche. Schon fast zwei Monate pfundskuren Sie jetzt. Haben Sie sich gewogen? Sind Sie mit dem Ergebnis zufrieden? Wenn Sie gewissenhaft auf die 140 Fettaugen pro Woche geachtet, sich mit Kohlenhydraten satt gegessen und Ihren Alltag in Bewegung gebracht haben, dann sind Sie der schlanken Linie sicher schon näher gekommen.

Pflanzliche Schutzengel: Äpfel schützen vor Arterienverkalkung, Tomaten besitzen eine Antikrebswirkung.

Sollten Sie in Ihrem PfundsKur-Leben noch einige Aspekte entdecken, die Sie nicht völlig zufrieden stellen, bitte ich Sie um Geduld. Schließlich wäre es auch zu schön, wenn sechs kurze Wochen ausreichten, um lebenslange Gewohnheiten und jahrzehntelanges Ess- und Bewegungsverhalten zu ändern. Seien Sie stolz auf alles, was sich bereits verändert hat – auch wenn Sie noch nicht rundum zufrieden sind. Und nun wünsche ich Ihnen viel Spaß beim Start in die siebte Trainingswoche, in der Sie etwas über die Schutzengel im Essen erfahren werden.

Rostschutzmittel

Warum sind Möhren rot-orange? Oder Zitronen gelb? Warum ist Spinat grün? Da sind eben Farbstoffe enthalten, sagen Sie richtig. Und um die geht es heute, aber nicht nur um Farbstoffe.

Wenn Sie einen Apfel durchschneiden und ihn einfach liegen lassen – was passiert? Die Apfelhälften werden braun. Kluge Menschen träufeln etwas Zitronensaft darüber: Der Apfel bleibt hell, denn das Vitamin C im Zitronensaft wirkt wie ein „Rostschutzmittel". Ohne Zitronensaft „rostet" der Apfel.

Bioaktive Substanzen

Vitamine, Mineralstoffe und Spurenelemente sind seit langem bekannt. Aber es gibt noch mehr Stoffe in Pflanzen, die eine positive Wirkung im menschlichen Organismus entfalten. Farbstoffe, wie das Beta-Carotin, aber auch Phytoöstrogene oder Flavanoide und Phenolsäuren. Tausende von Stoffen mit nahezu unaussprechlichen Namen, die man unter den Oberbegriffen „bioaktive Substanzen" oder „sekundäre Pflanzenstoffe" zusammenfasst.

Bioaktive Substanzen

Info

Carotinoide sind von Pflanzen gebildete gelbe, orange oder rote fettlösliche Farbstoffe, die über die Nahrung in den Körper gelangen. Zu den bekanntesten zählen das Alpha- und das Beta-Carotin (Vorstufen von Vitamin A) sowie das Lycopin, der rote Farbstoff in Tomaten. Besonders reich an Carotinoiden sind: Aprikosen, Nektarinen, Karotten, Grünkohl, Spinat, Kürbis, Brokkoli, Tomaten und Kopfsalat. Sie wirken als Radikalenfänger und helfen, das Risiko verschiedener Krebserkrankungen zu reduzieren.

Phytosterine ähneln dem Cholesterin und kommen hauptsächlich in fetthaltigen Lebensmitteln wie Ölen, Nüssen und Pflanzensamen vor. Sie verringern im Darm die Aufnahme des Cholesterins aus der Nahrung und senken den Cholesteringehalt im Blut. Sie bieten Schutz vor Herz-Kreislauf-Erkrankungen und wirken antikanzerogen (das Risiko für Dickdarmkrebs wird verringert).

Polyphenole sind in den äußeren Randschichten von Obst und Gemüse enthalten, aber auch in Vollkorn, grünem Tee oder Olivenblättern. Besonders häufig kommen sie in Äpfeln, Zwiebeln, Endiviensalat, blauen Trauben (Rotwein) und Kakao vor. Sie sind sehr gute Antioxidantien, wirken entzündungshemmend und beugen ebenfalls Herz-Kreislauf-Erkrankungen vor.

Phytoöstrogene sind pflanzliche Hormone, in Sojabohnen, Türkischem Rhabarber, Rotklee, Schlangenkraut, Hülsenfrüchten, Vollkornprodukten sowie verschiedenen Obst- und Gemüsesorten. Sie haben vorbeugende Wirkung gegen Osteoporose (Knochenschwund), Arteriosklerose (Arterienverkalkung) und hemmen die Entstehung von Krebs, nicht nur bei Frauen.

Es sind Stoffe, mit denen sich die Pflanzen zum Beispiel gegen die UV-Strahlen der Sonne schützen, aber auch gegen Insekten. Beim Apfel aus unserem Beispiel oben wirkt das Vitamin C der Zitrone als Antioxidationsmittel, das heißt, es verhindert, dass der Sauerstoff in der Luft die Zellen des aufgeschnittenen Apfels „rosten“ lässt.

Da wir Menschen mit jedem Atemzug ebenfalls Sauerstoff aufnehmen, laufen im Organismus ähnliche Prozesse ab. „Freie Sauerstoffradikale“ bilden sich, die die Zellen zerstören können. Darum haben auch wir Menschen einen Vorteil davon, wenn wir mit der Nahrung „Antioxidantien“ aufnehmen, die gegen diese „freien Radikale“ vorgehen.

Brokkoli als Krebsvorsorge

Ähnlich positive Effekte schreiben die Experten auch den anderen sekundären Pflanzenstoffen zu. So soll der Farbstoff Beta-Carotin die Immunabwehr stimulieren und das Wachstum von Krebstumoren hemmen. Die in Brokkoli und anderen Kohlgewächsen enthaltenen so genannten Glucosinolate fördern den körpereigenen Entgiftungsprozess und sorgen dafür, dass Krebs erregende Stoffe schneller aus dem Körper ausgeschieden werden.

Der gesunde Start in den Tag: frisch gepresster Orangensaft

Take 5 a day

Ausgedehnte Studien, vor allem in den USA, haben in den letzten Jahren gezeigt, dass Menschen, die regelmäßig üppige Obst- und Gemüseportionen verzehren, einen deutlich besseren Gesundheitszustand haben als die „Gemüse-“ und „Obstmuffel“.

So lieferte eine Studie zum Beispiel das Ergebnis, dass Männer, die täglich Tomaten oder Tomatenprodukte essen, einem deutlich geringeren Risiko ausgesetzt sind, an Prostatakrebs zu erkranken, als diejenigen, die nie oder nur selten Tomaten verzehren.

Darum wurde schon vor Jahren in den USA vom „Nationalen Krebs-Institut“ die große Kampagne „Take 5 a Day“ gestartet. Empfohlen wird, täglich mindestens fünf Portionen buntes Gemüse oder Obst zu essen. Frisch gepresste Säfte zählen ebenfalls mit. In Deutschland heißt die Aktion „Nimm 5 am Tag“ und wird auch von der Deutschen Gesellschaft für Ernährung (DGE) unterstützt.

Nimm 5 am Tag – Beispiel 1
1. Frühstück: frisch gepresster Orangensaft
2. Zwischenmahlzeit: ein Apfel
3. Mittagessen: Paprikagulasch
4. Zwischenmahlzeit: Obstsalat
5. Abendessen: Tomatenbrot

Nimm 5 am Tag

Diese Empfehlung erhöht nicht nur den Ess-Spaß, sondern gibt konkret an, was wir alle tun können, um möglichst wirkungsvoll Herz-Kreislauf-Erkrankungen und vielen Krebsarten vorzubeugen. Täglich fünf Portionen Obst oder Gemüse, und Sie profitieren langfristig von der großartigen Wirkung der darin enthaltenen „pflanzlichen Schutzengel“.

Nimm 5 am Tag – Beispiel 2
1. Frühstück: Müsli mit Apfelspalten
2. Zwischenmahlzeit: eine Birne
3. Mittagessen: eine Portion Rotkohl als Beilage
4. Zwischenmahlzeit: eine Orange
5. Abendessen: Gurkenbrot

Sie sollten sich den Rat „Nimm 5 am Tag“ deshalb zur Gewohnheit machen. Er passt hervorragend in die PfundsKur, denn Obst und Gemüse sind Kohlenhydrate, die fit und nicht dick machen. Gerade Gemüse zählt zu der Kohlenhydrat-

Fünf Portionen Obst oder Gemüse sollten Sie über den Tag verteilt essen.

gruppe, die einen guten Sättigungswert hat, aber keine rasche Insulinausschüttung verursacht. Mit fünf Portionen Obst und Gemüse schleusen Sie zudem die wichtigen bioaktiven Substanzen in Ihren Organismus, um gesund und leistungsfähig zu bleiben.

Was genau ist eine Portion?

Eine Portion entspricht etwa 125 Gramm Obst oder Gemüse oder, einfacher ausgedrückt, einer Handvoll, zum Beispiel einem mittelgroßen Apfel, zwei Tomaten oder Möhren. Bei Trockenfrüchten ist eine Portion 25 Gramm. Von den fünf Portionen sollten drei aus Gemüse und zwei aus Obst bestehen. Eine der Portionen können Sie aber auch durch ein Glas Saft (200 ml) ersetzen.

Bunt und abwechslungsreich

Da es Tausende von „Schutzengeln" in Obst und Gemüse gibt, heißt der Tipp: Möglichst bunt essen und frisch gepresst trinken. Kombinieren Sie Obst und Gemüse möglichst abwechslungsreich und vielfältig. Damit die Mischung der bioaktiven Stoffe stimmt. In den Kästen finden Sie einige Beispiele dafür, wie einfach Sie auf täglich fünf Portionen kommen können. Wenn Sie gleich beim Frühstück starten, fällt es überhaupt nicht schwer, die fünf bunten Portionen jeden Tag zu verzehren beziehungsweise zu trinken. Die Fettaugenbilanz wird geschont, Ihr Körper freut sich mit Ihnen.

Nimm 5 am Tag – Beispiel 3

1. Frühstück: Gemüsesaft
2. Zwischenmahlzeit: eine Orange
3. Mittagessen: eine Portion Blattspinat als Beilage
4. Zwischenmahlzeit: ein Apfel
5. Abendessen: Paprikasalat

Statt Schokoriegel lieber einen knackigen Apfel – auch am Arbeitsplatz können Sie gesund snacken.

Ihr Tagebuch gibt Auskunft

Nehmen Sie doch noch mal Ihr Tagebuch „Essen und Trinken“ zur Hand und blättern Sie es durch, um zu zählen, wie oft Sie in der ersten PfundsKur-Woche Gemüse oder Obst verzehrt haben. Haben Sie intuitiv die Regel „Nimm 5 am Tag“ erfüllt und in Ihrer ersten Woche insgesamt 35 Portionen oder mehr verzehrt? Dann versorgen Sie Ihren Organismus bereits ausreichend mit den nützlichen pflanzlichen Schutzengeln und ernähren sich so, wie es die moderne Forschung empfiehlt.

Auch für zwischendurch

Während des Tages sollten Sie darauf achten, dass Sie Früchte und Gemüse schnell zur Hand haben und möglichst nur noch in den Mund zu stecken brauchen. Ein ganzer Apfel bleibt oft liegen, in mundgerechte Schnitze aufgeteilt, ist er dagegen schnell verputzt. Eine Hand voll Trockenobst, Cocktail-Tomaten oder Weintrauben lässt sich ebenso problemlos nebenbei knabbern. So können Sie auch am Arbeitsplatz oder vor dem Fernseher „gesund naschen“.

Flexible Kontrolle

Wenn Sie aber nicht auf die empfohlenen 35 Portionen pro Woche kommen, nehmen Sie Ihre Ausgangszahl und erhöhen diese um fünf Portionen als Zielgröße für die kommende Woche. Am besten führen Sie eine Strichliste auf einem Notizzettel. So haben Sie stets einen guten Überblick und wissen, ob Sie Ihr Ziel erreichen.

Versuchen Sie, sich den 35 bunten Portionen Obst oder Gemüse in der Woche langsam anzunähern. Es kommt nicht auf ein paar Tage an. Es ist besser, etwas in kleinen Schritten und über einen längeren Zeitraum zu trainieren, als sich von Beginn an hohe Ziele zu setzen und dann schnell wieder aufzugeben.

Fettaugentabelle 7. Woche

Geplante Fettaugen	
Montag	
Dienstag	
Mittwoch	
Donnerstag	
Freitag	
Samstag	
Sonntag	
Gesamtsumme	
geteilt durch 7	**:7**
Tagesdurchschnitt	

Eine Angewohnheit fürs Leben
Vergessen Sie bitte nicht, dass „Nimm 5 am Tag“ eine wissenschaftlich gut gesicherte Verhaltensstrategie fürs Leben ist. Wenn Sie den Tipp „Nimm 5 am Tag“ nur eine oder zwei Wochen lang beherzigen, dann hilft Ihnen das nicht wirklich.

Denken Sie also beim Einkaufen daran, ausreichend Obst und Gemüse zu besorgen. Schließlich können die Schutzengel Sie nur beschützen, wenn sie täglich Nachschub bekommen.

Achten Sie schon beim Einkauf auf eine farbenfrohe Obst- und Gemüseauswahl.

Tipp

Am besten mit Schale

Dass Obst und Gemüse so gesund sind, liegt wahrscheinlich am komplexen Zusammenspiel der verschiedenen sekundären Pflanzenstoffe. Nur wenn Sie die ganze Frucht essen, wird tatsächlich das gesamte Spektrum an Nährstoffen und bioaktiven Substanzen aufgenommen. Obst und Gemüse sollten daher möglichst ungeschält und frisch verzehrt werden, da der Gehalt bestimmter bioaktiver Stoffe durch Verarbeitung oder lange Lagerung abnimmt.

Aufgabe für die 7. Woche

Planen Sie beim Einkaufen die „pflanzlichen Schutzengel“ ein. Setzen Sie sich ein Ziel, zum Beispiel fünf Obst- oder Gemüseportionen über Ihrem Ergebnis aus der Ausgangswoche.

Legen Sie Ihre Heißhunger-Notration bereit, falls Sie die Lust auf Essen plötzlich überkommt. Oder noch besser: Wirken Sie einer Heißhungerattacke aktiv entgegen, indem Sie Situationen von Vornherein meiden, die den Heißhungeranfall verursachen. Abends alleine zu Hause – das können Sie ändern.

Und nicht vergessen: Bestimmen Sie Ihr Fettaugenziel für die kommende Woche und tragen Sie Ihr Sonntagsgewicht in die Tabelle auf Seite 31 ein. Ich wünsche Ihnen eine erfolgreiche und vor allem bunte Woche.

8. WOCHE

Ernährungsirrtümer und ihre Folgen

Volker Pudel Guten Tag, Anke. Gut drauf mit dem „Nimm 5 am Tag“-Programm?

Anke Meister Klar, das habe ich locker hingekriegt. Mein Esstag ist jetzt viel bunter geworden. Schmeckt auch toll, so knackig gegartes Gemüse.

Volker Pudel Ich frage mich, warum Deutsche oft solche Gemüsemuffel sind. Was gibt es Schöneres als grüne Bohnen mit etwas Speck oder knackige Erbsen mit Möhrchen? Das ist etwas fürs Auge und für den Gaumen.

Anke Meister Und ich habe weiter abgenommen. Insgesamt jetzt schon gut fünf Kilo. Ich bin rundherum zufrieden. Im Fernsehen hab ich gestern wieder einen Bericht über diese „Atkins-Diät“ gesehen und darüber, dass die Amerikaner keine Kohlenhydrate mehr essen. Dafür aber Fett und Eiweiß.

Volker Pudel Richtig, die sind wie so oft etwas extrem. Aber Ernährungsratschläge werden immer gerne angenommen, auch wenn sie verrückt sind.

Anke Meister Wie Ihre KKD – die Kiwi-Kompass-Diät.

Volker Pudel Genau. Die habe ich aus Spaß erfunden. Aber es gibt jede Menge Ernährungsratschläge, die genauso Unsinn sind.

Anke Meister Ich schaue da auch nicht durch. Überall gibt es andere, oft widersprüchliche Informationen. Einmal heißt es, „Fett macht schlank“, dann wieder: „Fett macht dick“. Mal „viel Eier essen“, dann wieder „bloß keine Eier essen“. Was soll man denn nun glauben?

Volker Pudel Ich kann Ihre Verunsicherung verstehen, Anke. Das Thema Ernährung scheint zu einem richtigen Kommunikationsproblem geworden zu sein. Die Medien bringen fast im Wochentakt immer die „neuesten Erkenntnisse“ zu den unterschiedlichsten Ernährungsfragen, die dann heiß diskutiert werden. Ich erinnere an den schon uralten „Butter-oder-Margarine-Streit“ oder an die ewige Frage, ob „ein bisschen Alkohol“ nun gut fürs Herz oder

8. Woche

schlecht für die Leber ist. Leider ist die Diskussion nicht immer sachlich oder gar wissenschaftlich fundiert. Kein Wunder, dass 90 Prozent der Deutschen die mangelhafte Information über Ernährung beklagen. Allein 70 Prozent kritisieren die Widersprüchlichkeit.

Anke Meister Würde ich auch tun. Da rät mir meine Freundin zur Trennkost. Meine Mutter erzählt von ihren Erfolgen mit der Hawaii-Diät. Mein Mann schwört auf „seine" Aprikosen-Diät: Alles essen, außer Aprikosen.

Volker Pudel Ha, das ist wenigstens noch etwas witzig. Aber vieles wird mit vollem Ernst verkauft und ist eigentlich Blödsinn.

Anke Meister Woran merke ich, dass etwas nicht seriös ist? Gut, eine Sternzeichen-Diät ist sicherlich Unsinn, aber eine Blutgruppen-Diät? Auch Unsinn?

Volker Pudel Vor allem sollte man kritisch sein, Anke. Nicht gleich alles glauben, was in den Schlagzeilen steht und auf den ersten Blick plausibel erscheint. In dieser Woche erzähle ich etwas über solche Irrtümer, die von vielen Menschen für wahr gehalten werden. Leider sind Irrtümer immer so plausibel.

Anke Meister Klar, wer begeht schon einen unplausiblen Irrtum?

Volker Pudel Richtig, keiner! Wahrheiten, die nicht spontan plausibel sind, werden auch nicht geglaubt. Dafür glaubt man lieber plausiblen Irrtümern.

Anke Meister Und das trifft auch auf unsere Ernährung zu? Geben Sie mir bitte mal ein Beispiel.

Volker Pudel: Sie kennen sicher den Ausspruch „Morgens sollst du essen wie ein Kaiser" oder haben gehört, dass Spinat reich an Eisen ist, oder haben Freunde, die auf Entschlackungskuren schwören ...

Anke Meister: Das sind alles Irrtümer?

Volker Pudel: ... von denen ich im folgenden Kapitel zur 8. Woche mehr erzählen möchte.

Anke Meister Da bin ich aber gespannt. Bis nächste Woche also. Tschüss, Herr Pudel.

Irrtümer sind plausibel

Ich begrüße Sie herzlich zur achten Trainingswoche! Ihre Fettaugenbilanz ist in Ordnung? Sie betrachten sich schon gerne im Spiegel? Gut, dann möchte ich Ihnen für die 8. Woche ein paar beschauliche Geschichten erzählen, die Sie vermutlich alle kennen. Doch Sie müssen entscheiden: Dichtung oder Wahrheit?

Es ist leider so: Irrtümer werden nur begangen, weil sie so plausibel sind!

Diäten machen schlank!

Klar, wer nichts mehr isst, wird dünner. Wer sich täglich mit 1000 Kalorien bescheidet, muss zwangsläufig abnehmen. Klingt plausibel, ist dennoch ein Irrtum. Denn wie Sie bereits wissen, ist der Körper auf Notzeiten gut vorbereitet. Er spart Energie, um das Überleben zu sichern. Anstatt unmittelbar die Fettreserven aufzubrauchen, baut unser Körper Muskeln ab und senkt den Grundumsatz, sprich, er reduziert die Energiemenge, die er aufwenden muss, um seine Grundfunktionen aufrechtzuerhalten. Deshalb irrt ein Mensch, der schlank werden will, wenn er einfach nur wenig isst.

Schnaps fördert die Verdauung

Ein „schöner" Irrtum, der sich aber erst auf der Waage als solcher entpuppt. Alkohol stoppt die Fettverbrennung und bremst die Verdauung. Alkohol wirkt „wie Fett". Darum kennen Sie bereits blaue und gelbe Fettaugen.

Trennkost ist toll!

In der Tat ist Trennkost eine tolle Erfindung von Dr. Hayes aus den 20er-Jahren. Millionen Menschen haben Kohlenhydrate und Eiweiß getrennt, weil sie glaubten, unser Organismus könne diese beiden Nährstoffe nicht zusammen verdauen. Doch für diese „tolle Ernährungsform" gibt es keine wissenschaftliche Basis. Übersäuerung und Fäulnis stellen sich nicht ein, wenn Kohlenhydrate und Eiweiß zusammentreffen, denn den Säure-Basen-Haushalt reguliert der Körper perfekt. Nicht einmal die Muttermilch erfüllt die Trennkostregeln, und dabei hat sich die Natur bestimmt etwas gedacht.

Viele Wege führen zum Abnehmen – doch manche sind Holzwege.

Beginnen Sie am besten schon morgens mit dem „Nimm 5 am Tag"-Programm.

Morgens essen wie ein Kaiser

Klar, wenn Sie – wie unsere Vorfahren – zu früher Stunde aufs Feld ziehen und schwer arbeiten, dann hat diese Aussage durchaus Gültigkeit. Doch wer ist heute noch ein moderner Schwerstarbeiter? Die gute alte Regel ist heute eher ein Irrtum. Auf die Fettaugen kommt es an und darauf, die „Nimm 5 am Tag"-Empfehlung gleich zu Beginn des Tages zu berücksichtigen. Frühstücken Sie wie ein „moderner Kaiser": leicht und bunt.

Spinat liefert Eisen

Der gigantische Eisenlieferant „Spinat" ist schon seit 100 Jahren als schnöder Druckfehler entlarvt. Nicht 34 Milligramm, sondern nur 3,4 Milligramm Eisen sind in 100 Gramm Spinat enthalten. Das ist nicht wenig, aber lange nicht so viel, wie immer gedacht wurde. Aber dieser Irrtum überzeugte die amerikanische Regierung, die daraufhin Spinatplantagen zur Eisenversorgung der Armee anlegen ließ. Und dieser Irrtum machte Generationen von Kindern zu „Spinatverweigerern", denn der Satz „Das musst du essen, das ist gesund" schmeckt Kindern gar nicht. Erst der „Blubb" machte den Spinat wieder attraktiv.

Früher war alles besser

Das glauben viele, weil es so plausibel klingt. Doch es ist falsch. Früher gab es wenig Nahrung, allgemein schlechtere Qualität und Hygieneprobleme, die zu Lebensmittelvergiftungen führten. Lebensmittelvielfalt und -qualität sind heute auf dem höchsten Niveau seit Menschengedenken. Allerdings immer noch verbesserungswürdig, wie viele Skandale gezeigt haben. Statt „Früher war alles besser" sollte es zutreffender heißen: „Früher war alles anders". Und „anders" bedeutet nicht immer „besser".

Gefährliche Lebensmittel?!

Info

Die Schlagzeilen über Lebensmittelskandale erschrecken viele Verbraucher. Besonders dann, wenn schwer verständlich ist, worum es eigentlich geht, wie bei BSE, Maul- und Klauenseuche oder Nitrofen. Dann erleben viele einen Vertrauensbruch („Ich bin getäuscht worden!") und überreagieren gefühlsmäßig mit Kaufverweigerung. Doch die „wahren" Ernährungsprobleme sind Übergewicht und andere Erkrankungen, die durch ungünstige Auswahl und Zusammenstellung der Speisen verursacht werden.

Milch nur für Kälber

Ein Irrtum, den verschiedene „Ernährungsapostel“ verbreiten. Milch und Milchprodukte sind die wichtigsten Kalziumlieferanten. Sie sorgen für starke Knochen und beugen der Osteoporose (Knochenschwund) vor. Denn die Kalziumaufnahme, insbesondere im Kindes- und Jugendalter, erhöht die Knochendichte. Darum ist Osteoporose, auch wenn sie meist erst ab einem Alter von 50 Jahren auftritt, eigentlich eine „Kinderkrankheit“.

Wenn Asiaten keine Milch vertragen (was tatsächlich so ist), dann spricht das nicht gegen den Milchkonsum in Europa. Wir haben hier weniger Sonnenlicht als zum Beispiel in Thailand. Den Asiaten helfen die UV-Strahlen, ausreichend Vitamin D in ihrer Haut zu produzieren, um Kalzium, das in Blattgemüse enthalten ist, besser zu verwerten. Im „dunklen“ Nordeuropa sind dagegen Milch und Milchprodukte die natürlichen Kalziumquellen.

Milch sollte zu jedem ausgewogenen Ernährungsplan dazugehören.

Entschlackungskur ist gesund

Dies ist ein unausrottbarer Irrtum, wie die hohe Zahl an Menschen, die nach wie vor auf „Entschlackungskuren“ setzen, zeigt. Es gibt aber keine Schlacken im Körper. Stoffe, die der Organismus nicht verwerten kann, werden täglich mit Urin und Stuhl ausgeschieden. Der menschliche Körper ist eben kein Hochofen, in dem nach der Verbrennung Schlacken anfallen.

Gentechnik ist ungesund

Wirklich? Das gentechnisch erzeugte Insulin für Diabetiker wird akzeptiert, wie Medizin allgemein auch. Aber Gentechnik im Essen – nein danke! Dabei unterscheiden sich Gentechnik und Züchtung nur bedingt. Denn was bewirkt Züchtung eigentlich? Sie verändert Genstrukturen. Nur macht sie das nicht mithilfe von Technik, sondern mit der Ausdauer der Züchter. Nahezu alle „Naturprodukte“ sind züchterisch geprägt; die Wildform wird im Supermarkt nicht mehr angeboten. Auch nicht bei Rindern oder Schweinen. Vor den Risiken bei der Züchtung fürchtet sich jedoch kaum jemand. Gegenüber der Gentechnik sind strenge Kontrollen damit sinnvoller als Angstgefühle.

Fleisch ist Lebenskraft

Auch wenn dieser Satz immer wieder als Werbung über den Fernsehschirm flimmert, wird er nicht richtiger. Sicherlich, Fleisch ist ein wertvolles Lebensmittel,

Fettaugentabelle 8. Woche

Geplante Fettaugen	
Montag	
Dienstag	
Mittwoch	
Donnerstag	
Freitag	
Samstag	
Sonntag	
Gesamtsumme	
geteilt durch 7	:7
Tagesdurchschnitt	

es liefert gut verwertbares Eisen und in den letzten Jahren auch immer weniger Fettaugen. Aber einzigartig und unverzichtbar ist Fleisch dennoch nicht. Schließlich ist die Gesundheit von Vegetariern nicht beeinträchtigt, sondern eher besser als die von Fleischessern. Gegen einen gemäßigten Fleischkonsum ist aus ernährungsphysiologischer Sicht also nichts einzuwenden.

Kalorie ist Kalorie!

Nur auf dem Papier, nicht aber auf dem Teller, denn 100 Gramm Trüffeln machen lange nicht so satt wie sechs Bananen, obwohl beide 570 Kalorien haben. Die PfundsKur empfiehlt deshalb, die Fettkalorien zu reduzieren, um sich an Kohlenhydratkalorien satt zu essen.

Das PfundsKur-Geheimnis

Wenn Sie einen „schlanken Mix" essen, also mehr Kohlenhydrate und weniger Fett, dann verbessern Sie Ihre Ernährung ganz automatisch. Sie bekommen mehr Vitamine, Mineral- und Ballaststoffe. Sie sparen an „versteckten Fetten", die im Körper eher ungünstig wirken. Mit „Nimm 5 am Tag" nutzen Sie die unsichtbaren Schutzengel für eine langfristige gesundheitliche Vorsorge. Und wenn Sie zudem viel Mineralwasser oder Schorle trinken, dann wird aus Ihrer Ernährung eine runde Sache. Noch ein Tipp: Lassen Sie vor allem Ihren Geschmack mitbestimmen, wenn Sie Ihr Essen planen. Denn eines ist kein Irrtum, wenngleich es sehr plausibel ist:

Essen ist mehr als nur pure Ernährung!

Aufgabe für die 8. Woche

Für die nächste Woche habe ich keine konkreten Aufgaben für Sie. Erleben Sie einfach, wie gut Ihnen Ihr neues Essverhalten bereits in Fleisch und Blut übergegangen ist. Versuchen Sie in der kommenden Woche vor allem das in die Tat umzusetzen, was bisher vielleicht noch nicht so gut gelungen ist:

- Fettaugenkontrolle
- Bewusster Einkauf im Supermarkt
- Fettärmere Zubereitung in der Küche
- Flexible Verhaltenskontrolle
- Notration für Heißhungerattacken

9. WOCHE

Den Erfolg programmieren

Volker Pudel Hallo, Anke. Was macht denn nun Ihr Gewicht nach der 8. Woche?

Anke Meister Ich bin sehr zufrieden, obwohl ich mich noch gar nicht gewogen habe. Ich fühle einfach, dass ich schlanker werde.

Volker Pudel Darauf kommt es auch an. Nicht die nackten Zahlen auf der Waage sind wichtig, sondern das Körpergefühl.

Anke Meister Ich fühle mich gut, das ist mir wichtig. Übrigens, Ihre Geschichten zu Ernährungsirrtümern waren wirklich augenöffnend. An viele Irrtümer habe ich bisher auch geglaubt. Und ich war mir absolut sicher, dass das so stimmt.

Volker Pudel Irrtümer sind eben so hartnäckig, weil sie plausibel erscheinen.

Anke Meister Aber ich bin jetzt auch nicht unglücklich. Schließlich habe ich etwas dazugelernt, über Trennkost, Entschlacken und die Qualität unserer Lebensmittel.

Volker Pudel Nicht unglücklich?! Dann habe ich also keine Verunsicherung bei Ihnen ausgelöst. Das freut mich. Apropos Unglück: Wussten Sie schon, dass die Entscheidung zwischen Glück und Unglück auch eine Frage der inneren Einstellung ist? Der Volksmund hat Recht, wenn er sagt, „Jeder ist seines Glückes Schmied".

Anke Meister Wirklich? Das glaube ich nicht. Glück hat man oder hat man nicht. Wenn ich im Lotto gewinne, dann habe ich Glück, wenn ich einen Autounfall habe, dann habe ich wirklich Pech. Das ist einfach so. Ganz gleich, wie ich mich dazu stelle.

Volker Pudel Sie haben Recht - natürlich gibt es ganz objektiv betrachtet Glück oder Unglück. Aber trotzdem bricht für den einen die Welt zusammen, der einen kleinen Auffahrunfall erlebt, und ein anderer steigt aus und sagt: „Okay, das kann man wieder reparieren." Es kommt auf die Sichtweise an. Sie kennen sicher das Beispiel vom Pessimisten, für den das Glas halb leer ist, während der Optimist ein halb volles Glas sieht.

Anke Meister Ich bin meistens optimistisch, und wenn so ein kleines Unglück passiert, dann wirft mich das nicht aus der Bahn.

9. Woche

Volker Pudel Das ist es, was ich meine. Sie bewerten in Ihrem Kopf das Unglück als „klein“. Und kommen so gut darüber hinweg.

Anke Meister Klar, wenn ich das nicht so machen würde, würde ich mir doch künstliche Hindernisse schaffen, die mir meinen Weg verbauen, oder nicht? Ich versuche aber immer, mich so zu verhalten, dass ich das erreiche, was ich will. Meistens jedenfalls.

Volker Pudel Ja Anke, Sie wollen Erfolgsgefühle haben, das ist wichtig für Sie. Die kleinen Misserfolge, die in Ihrem Leben vorkommen, die stecken Sie einfach weg.

Anke Meister Klingt gut, wie Sie das sagen. Ich glaube, das stimmt auch. Vielleicht bin ich deshalb auch meistens ein fröhlicher Mensch. Ich sehe eher die positiven Seiten des Lebens. Jetzt zum Beispiel freue ich mich riesig über meine Gewichtsabnahme, auch wenn ich mein „Traumgewicht“ noch nicht erreicht habe.

Volker Pudel Genau das wollte ich sagen: Sie programmieren Ihr Denken so, dass die Freude über Ihre Erfolge überwiegt. Ich kenne Menschen, die werden depressiv, wenn sie „nur“ sechs Kilogramm abgenommen haben. Die hatten sich zwölf Kilo vorgenommen.

Anke Meister Das ist ja unrealistisch. Ich seh das so: Wenn ich mir zu viel vornehme, muss es ja zum Misserfolg kommen.

Volker Pudel Richtig, aber gerade Menschen, die unter Misserfolgen leiden, nehmen sich zu wenig oder viel zu viel vor.

Anke Meister Das ist wohl Psychologie, oder? Die machen sich dadurch doch ihr Leben nur unnötig schwer. Ich kann mir vorstellen, dass man dann erst recht unter Fehlschlägen leidet.

Volker Pudel Darüber werden wir in dieser Woche sprechen. Wer sich zum Beispiel 20 Kilo Gewichtsabnahme vornimmt, leidet nicht mehr unter dem Misserfolg, wenn es nicht klappt. Denn er sagt sich: „War doch klar, konnte ich sowieso nicht schaffen!“

Anke Meister Und dann ist das kein Misserfolg?

Volker Pudel Gute Frage, wir werden sehen. Bis zu unserer Abschiedswoche, alles Gute, Anke. Und viele neue Erkenntnisse über Psychologie.

Erfolg selbst gemacht

Die vorletzte PfundsKur-Woche bricht an. Sie haben Ihr Essverhalten verändert, Ihre Küchenpraxis umgestellt, Sie bewegen sich mehr, Sie kaufen bewusster ein und lesen die Speisekarte im Restaurant mit anderen Augen. Vieles ist Ihnen sofort geglückt, manches klappt vielleicht immer noch nicht so richtig. Aber trösten Sie sich, es gibt wahrscheinlich keinen PfundsKur-Teilnehmer, bei dem alles optimal funktioniert. Wichtig ist, dass Sie stolz auf das sind, was Sie bisher erreicht haben. Darum möchte ich mit Ihnen einen kleinen Exkurs in die Psychologie unternehmen, um zu besprechen, wie wir unser eigenes Verhalten bewerten.

Wer sich selbst vertraut, überwindet Hindernisse und gelangt ans Ziel.

Die Gedanken entscheiden

Jeder erfährt in seinem Leben Erfolge und Misserfolge. Doch die Ursachen dafür werden höchst unterschiedlich gesehen. Da gibt es Menschen, die haben richtig Angst vor Misserfolgen. Andere sind geradezu auf Erfolg programmiert und freuen sich über alles, was sie erreicht haben. Und noch eines unterscheidet diese Menschen: Die Misserfolgsängstlichen suchen die Ursachen für Misserfolge grundsätzlich in sich selbst und machen eigene, mangelnde Fähigkeiten dafür verantwortlich. Die Erfolgssucher dagegen sind stolz auf ihre Erfolge, weil sie überzeugt sind, diese selbst bewirkt zu haben.

Eigenes Können oder Glück?

Haben Misserfolgsängstliche einmal Erfolg, dann sagen sie „Glück gehabt" und rechnen sich ihren Erfolg nicht selbst zu. Ganz anders die Erfolgssucher. Sie tun Misserfolge als ärgerliche, aber eher zufällige Ereignisse ab, die nicht in direktem Zusammenhang mit ihrer Person oder ihrem Handeln stehen.

Wer Erfolge zumeist auf seine eigenen Leistungen zurückführt und Misserfolge als Pech erlebt, der ist ein Erfolgssucher. Misserfolgsängstliche Menschen schreiben sich Misserfolge selbst zu und bewerten Erfolge eher als Glück.

Auswahl von Aufgaben

Misserfolgsängstliche suchen sich meist ganz leichte oder ganz schwere Aufgaben aus. Wer sich zum Beispiel vor-

Check

Erfolgs- oder Misserfolgssucher?

Bitte kreuzen Sie den Gedanken an, der Ihnen als Erster kommen würde. Dann bewerten Sie bitte selbst, ob Sie eher misserfolgsängstlich oder erfolgsorientiert denken.

Ein anderer Pkw nimmt Ihnen gerade die ausgesuchte Parklücke weg.
Ihr erster Gedanke:

- ☐ **Das kann immer nur mir passieren.**
- ☐ **Schade, Pech gehabt.**

Der tolle Kuchen im Backofen ist völlig verbrannt.
Ihr erster Gedanke:

- ☐ **Blöder Ofen, wird viel zu heiß.**
- ☐ **Typisch für mich, ich vergesse immer, auf die Uhr zu sehen.**

Sie sind ganz ohne Stau in den Italienurlaub gefahren.
Ihr erster Gedanke:

- ☐ **Wirklich Glück gehabt.**
- ☐ **Habe ich doch eine gute Uhrzeit für die Fahrt ausgewählt.**

nimmt, mit der PfundsKur nur ein Kilogramm abzunehmen, oder aber plant, 20 Kilo abzuspecken, hat in beiden Fällen Angst vor dem Misserfolg. Das Ein-Kilo-Ziel wird mit Sicherheit erreicht, kann also kein Misserfolg werden. Das 20-Kilo-Ziel ist von vornherein unerreichbar – ein Scheitern ist folglich auch kein Misserfolg. Erfolgssucher wählen dagegen mittelschwere Aufgaben, die mit etwas Anstrengung zu bewältigen sind. So können sie ihren Erfolg auch richtig erleben und genießen.

Veränderung lohnt sich

Psychologische Studien beweisen, dass Erfolgssucher tatsächlich auch mehr Erfolge im Leben haben. Misserfolgsängstliche Menschen dagegen nutzen längst nicht jede Chance, die sich Ihnen bietet, eben weil sie die Angst vor Misserfolg lähmt. Sie erfahren deshalb aber auch weniger Siege und weniger Glücksmomente im Leben.

Die Studien zeigen aber auch, dass die Art, wie Erfolge und Misserfolge wahrgenommen werden, ein erlerntes Verhalten ist. Natürlich können Sie nicht alles rückgängig machen, was Sie im Leben erfahren haben. Aber Sie können umlernen. Sie können trainieren, mit Misserfolgen in Zukunft anders umzugehen, sich gleichsam in einen Erfolgssucher „umprogrammieren“.

Horchen Sie in sich hinein

Überlegen Sie, ob Sie sich für Ihre PfundsKur zu große oder zu kleine Ziele gesetzt haben. Das gibt Ihnen einen Anhaltspunkt, wie Sie Erfolg und Misserfolg für sich selbst bewerten. Wenn Sie in Zukunft Erfolge oder Niederlagen erleben, gehen Sie in sich und erkunden Sie, was in Ihrem Kopf geschieht. Bei einem Misserfolg ergründen Sie die Umstände, die zu Ihrem Scheitern geführt haben. Im Falle eines Erfolgs anerkennen Sie Ihre Fähigkeiten, die dazu geführt haben.

Was wohl die anderen denken?

Die Angst vor dem Urteil anderer Menschen ist häufig ein Grund für Misserfolgserlebnisse. Man traut sich selbst nichts zu. Manchmal scheut man sogar davor zurück, sich eine ungewöhnliche Brille oder extravagante Schuhe zuzulegen. Immer schwebt der Gedanke „Was wohl die anderen denken?“ darüber und bremst eigene Aktivitäten.

Spielen Sie einfach „verrückt“

Darum möchte die PfundsKur Sie zu einer spannenden Aufgabe anregen: Kaufen Sie sich ein verrücktes Kleidungsstück! Entscheiden Sie sich für eine völlig neue Frisur! Oder gönnen Sie sich ein ausgefallenes Schmuckstück! Erstens haben Sie jetzt in der 9. Woche PfundsKur wirklich eine Belohnung verdient. Und zweitens sollen Sie erleben, wie gut Sie ankommen, wenn Sie sich mit Ihren Wünschen und Vorstellungen einfach durchsetzen. Einverstanden?

Der Spotlight-Effekt

Es ist nämlich tatsächlich so, dass Sie sich selbst viel intensiver beobachten, als es Ihre Umwelt tut. Sie sehen sich unter einem Spotlight, einem Scheinwerfer, der aber nur für Ihre Augen Licht wirft. In Wahrheit können Sie sich viel mehr „erlauben“, als Sie denken! Und außerdem gilt:

Ich bin nicht auf der Welt, um so zu sein, wie andere mich haben wollen.

Diesen tollen Satz sollten Sie sich auf einen Merkzettel schreiben und in die rechte untere Ecke Ihres Badezimmerspiegels kleben. Damit Sie täglich wissen, was Sie sich gönnen dürfen.

Fettaugentabelle 9. Woche

Geplante Fettaugen	
Montag	
Dienstag	
Mittwoch	
Donnerstag	
Freitag	
Samstag	
Sonntag	
Gesamtsumme	
geteilt durch 7	:7
Tagesdurchschnitt	

Kohlenhydrate wirken Wunder

So, das war unser Exkurs in die Psychologie. Wenden wir uns wieder dem Essen zu und vertiefen wir unser Wissen über Kohlenhydrate. Dass sie Fitmacher sind, hatten wir schon besprochen. Aber Kohlenhydrate können noch mehr: Sie versorgen das wichtigste Organ im Körper des Menschen, das Gehirn, mit Nahrung. Um gut zu funktionieren, braucht unsere Schaltzentrale nämlich das Kohlenhydrat Glukose, und zwar ausschließlich. Es können noch so viele Fettkalorien im Körper schlummern, sie sind keine Nahrung für die Hirnzellen.

Kohlenhydrate regeln Hunger

Kohlenhydrate sind vor allem in der Leber als Glykogen gespeichert – kaum mehr als 350 Gramm. Sinkt der Vorrat ab, meldet der Organismus unmissverständlich „Ich habe Hunger!" Wird der Magen dann mit fetter Bratwurst gefüllt, tritt nur kurz ein Sättigungsgefühl ein. Denn sobald der Körper festgestellt hat, dass die Magenfüllung keine Kohlenhydrate, sondern nur Fett geliefert hat, sendet er sofort wieder das Signal „Hunger!" aus. Selbst nach einem üppigen, fetten Essen kommt deshalb Lust auf ein süßes Dessert auf. Es ist der Appetit nach Kohlenhydraten, um ausreichend Nahrung für das Gehirn zu haben.

Nahrung für die Seele

Kohlenhydrate machen glücklich – ein weiterer Pluspunkt, den der Volksmund mit dem folgenden Satz umschreibt: „Zucker ist Nervennahrung". Im Gehirn sind Botenstoffe tätig, die dafür sorgen, dass Informationen von den Nervenbahnen in die Nervenzellen übertragen werden. Ein wichtiger Stoff für die Kommunikation im Gehirn ist das Serotonin. Dieser Botenstoff sorgt zudem für gute Stimmung und besseres Befinden. Hergestellt wird Serotonin aus einem Eiweißbaustein, genannt Tryptophan, der mit der Nahrung aufgenommen wird.

Transportwege versperrt

Wer nun glaubt, dass eiweißreiche Kost viel Tryptophan ins Gehirn bringt, irrt. Denn eiweißreiche Kost liefert noch zahlreiche andere Eiweißbausteine, die dem Tryptophan den Weg ins Gehirn versperren. Werden aber Kohlenhydrate verzehrt, dann sorgt das Insulin dafür, dass die anderen Eiweißbausteine gebunden werden. Nun kann Tryptophan ins Gehirn gelangen und dort zu Serotonin umgewandelt werden. Wer viel Kohlenhydrate verzehrt, isst die „gute Laune" also gleich mit.

Info

Kohlenhydrate sorgen für

- **angenehme und anhaltende Sättigung,**
- **ein besseres Wohlbefinden,**
- **mehr Vitamine, Mineral- und Ballaststoffe.**

Ausblick auf die 9. Woche

Starten Sie in die vorletzte PfundsKur-Woche. Mit viel Bewegung im Alltag, den phantastischen Kohlenhydraten bei Tisch, Ihrer Fettaugenbilanz und einem neuen Gespür für Erfolge und Misserfolge in Ihrem Leben. Ich wünsche Ihnen, dass Sie stolz auf Ihre Erfolge werden und die unvermeidbaren Misserfolge unter „Pech gehabt" so bald wie möglich zu den Akten legen.

10. WOCHE

Die PfundsKur hört nie auf

Volker Pudel Liebe Anke, heute treffen wir uns zum zehnten Mal. Die PfundsKur ist ...

Anke Meister ... aber nicht zu Ende. Das sagen Sie doch immer. Stimmt's?

Volker Pudel Natürlich. Sie darf auch nicht zu Ende gehen. Denn wer nach einer Woche wieder so einkauft, isst, trinkt und sich bewegt wie vor der PfundsKur, der verschenkt die dicke Chance für die schlanke Linie.

Anke Meister Aber das Buch ist doch zu Ende. Wie soll da die PfundsKur weitergehen?

Volker Pudel Wenn Sie Trainingsstunden beim Tennis nehmen, dann sind diese Trainerstunden auch einmal zu Ende. Aber Sie spielen doch weiter Tennis. Vermutlich werden Sie gerade jetzt öfter spielen, weil Sie viel gelernt haben, den Ball besser treffen und Ihnen das Spielen mehr Spaß macht.

Anke Meister Ah, so ist das gemeint. Das heißt, auch ohne Ihre Unterstützung weiter Fettaugen zählen, sich bewegen, fair mit sich selbst umgehen, sich über Erfolge freuen ...

Volker Pudel ... und über die neue Lust auf Leben. Ich glaube, die Fettaugen haben Sie jetzt im Griff, auch ohne einen Blick in die Tabelle. Und das Mehr an Bewegung im Alltag wird allmählich zur Gewohnheit, oder?

Anke Meister Na ja, ich muss gestehen, dass ich gelegentlich immer noch mit dem Kopf nachhelfen muss, wenn da die Rolltreppe oder der Fahrstuhl einladen. Aber die vielen Tipps und die Trainingspläne aus dem PfundsKur-Aktiv-Programm von Herrn Schlicht sind da eine sehr gute Gedächtnisstütze. Mit den Fettaugen haben Sie aber Recht. Ich weiß jetzt, was ich esse, und dann stimmen die Fettaugen. Es ist fast wie bei meiner letzten PfundsKur.

Volker Pudel Es freut mich, das zu hören, Anke. Aber damals haben Sie doch mit der Zeit die Fettaugen – im wahrsten Sinne des Wortes – wieder aus den Augen verloren, oder?

10. Woche

Anke Meister Ich gebe es ja zu, damals ging mein neu erlerntes PfundsKur-Verhalten im Alltag nach und nach wieder verloren. Irgendwie habe ich das nicht einmal bemerkt. Bis die Waage wieder hochging.

Volker Pudel Aber jetzt ist die Waage wieder unten und Ihnen geht es gut. Sie sind richtig zufrieden?

Anke Meister Ja, wirklich zufrieden. Mein Mann hat mir gestern Abend gestanden, dass er mich jetzt richtig gut findet. Das hat er schon eine sehr lange Zeit nicht mehr gesagt. Also, was will ich mehr ...

Volker Pudel ... dass alles so bleibt, Anke. Dass Ihre zweite PfundsKur nicht so im Alltag untergeht wie beim ersten Mal. Das wäre doch wirklich jammerschade.

Anke Meister Ein bisschen Angst habe ich schon davor. Aber jetzt wird es erst einmal Frühling und dann Sommer und da bin ich sowieso motiviert, mein Gewicht zu halten. Außerdem habe ich mir einen Merkzettel an den Badezimmerspiegel geklebt.

Volker Pudel Das ist eine gute Idee, denn da schauen Sie jeden Morgen hin. Verraten Sie mir, was Sie draufgeschrieben haben?

Anke Meister Das ist mir jetzt schon ein bisschen peinlich, aber die Idee habe ich ja von Ihnen, also verrate ich es auch: „Denk immer an die verlorenen acht Kilo, Anke!" habe ich auf den Zettel geschrieben.

Volker Pudel Das ist ein wunderbarer „Denkzettel", der Sie jeden Morgen an Ihren großen Erfolg erinnert.

Anke Meister Im Augenblick schon, aber wenn von den acht Kilogramm wieder etwas zurückkommt ...

Volker Pudel
... dann wissen Sie jetzt genau, was Sie machen müssen. Doch ich bin überzeugt davon, Ihr Merkzettel wird Ihnen helfen, dass das nicht passieren wird.

Anke Meister Ich wünsche mir, dass Sie Recht behalten, lieber Herr Pudel.

Und wie geht's weiter?

Wenn Sie diese Zeilen lesen, haben Sie bestimmt Ihren Lebensstil verändert. Fast drei Monate PfundsKur liegen nun hinter Ihnen. Ich möchte Ihnen gratulieren, dass Sie es wirklich geschafft haben. Sie können stolz auf sich sein. Aber damit ist die PfundsKur nicht zu Ende! Sie beenden nur den Einstieg in Ihr neues Ess- und Bewegungsverhalten. Die PfundsKur aber geht weiter.

Gewichtsstabilisierung fordert Sie

Jetzt heißt es, den Erfolg zu sichern, das Gewicht zu stabilisieren. Doch dafür haben Sie inzwischen die besten Voraussetzungen: Mit den Fettaugen sind Sie per Du, Sie kochen die leckeren Rezepte aus Ewald Bradens „PfundsKur-Kochbuch", Sie praktizieren die flexible Verhaltenskontrolle, Sie haben viel Bewegung in Ihren Alltag eingebaut, Sie freuen sich über Ihre Erfolgserlebnisse, und Sie trauen sich, eigene Ideen umzusetzen. Ist es so? Na, dann kann wirklich alles nur noch besser werden!

Seien Sie stolz auf sich, sie haben es geschafft.

Fettaugentabelle 10. Woche

Geplante Fettaugen	
Montag	
Dienstag	
Mittwoch	
Donnerstag	
Freitag	
Samstag	
Sonntag	
Gesamtsumme	
geteilt durch 7	:7
Tagesdurchschnitt	

Erfolgsdenken

Sie sind während der vergangenen neun PfundsKur-Wochen eine lange Treppe hinaufgegangen und haben dabei viel erlebt und erfahren – Stufe für Stufe. Das ist ein Erfolg, der nur Ihnen gehört. Wenn sich in nächster Zeit unbemerkt ein oder zwei Kilo wieder einschleichen, dann bewerten Sie dieses Ereignis bitte nicht als Misserfolg – das wäre nicht angemessen. Denn auf der langen Treppe, auf der Sie jetzt ganz nach oben gestiegen sind, würden Sie dann gerade einmal ein oder zwei Stufen tiefer stehen – aber immer noch oben!

Trainingsstillstand überwinden

Da Sie nun ja wissen, wie Sie auf gesunde Weise dauerhaft Gewicht verlieren, sind ein oder zwei Kilogramm Zunahme kein Grund zur Panik. Setzen Sie Ihr Training wie gewohnt fort und Sie werden diesen Trainingsstillstand überwinden. Sollte dennoch ein Motivationstief auftreten, hilft Ihnen das richtige Denken. Aktivieren Sie positive Gedanken, sagen Sie sich: Ich bin gut! Ich habe viel gelernt! Ich habe mich verändert, weil ich mich jetzt selbst besser kennen gelernt habe. Diese positive Einstellung wird Ihnen in Zukunft helfen, Motivationskrisen zu meistern und so zu sein, wie Sie es sich vorstellen.

Zukunft planen

Um Ihr Training erfolgreich weiterzuführen, ist es wichtig, sich neue Aufgaben zu stellen und die Zukunft zu planen. Notieren Sie sich auf einem Zettel Ihre nächsten Ziele. Was möchten Sie in den kommenden Monaten erreichen? Aber seien Sie dabei bitte fair zu sich und überfordern Sie sich nicht.

Alles Gute

Ich wünsche Ihnen eine glückliche Hand in der Küche, einen kritischen Blick auf die Karte im Restaurant und einen fairen Umgang mit sich selbst. Bleiben Sie Ihrer PfundsKur treu. Sie will auch in Zukunft Ihren Alltag prägen, damit Sie mit Genuss essen und sich mit Freude bewegen. Und denken Sie daran: Es gibt keine Misserfolge, höchstens mal einen Trainingsstillstand!

Jedes Kilogramm Gewichtsabnahme, das Sie in Zukunft halten werden, ist weit mehr Wert als jedes Kilo, das Sie unter Druck noch zusätzlich abnehmen, aber kurz darauf wieder zulegen. Haben Sie Geduld. Sie wissen, dass Sie mit kontrollierten Fettaugen und großzügigem Kohlenhydratkonsum vielleicht nicht die schnellste, aber die nachhaltigste Methode zur Gewichtsabnahme nutzen. Vor allem, wenn auch die Bewegung im Alltag stimmt.

In eigener Sache

Fett macht Fett. Kohlenhydrate machen fit. Diese Botschaft habe ich Ihnen auf den vorangegangenen Seiten nahe gebracht. Und wenn Sie mitgemacht haben, konnten Sie selbst erleben, dass diese Aussage Gültigkeit hat.

In letzter Zeit gab es immer wieder Zeitungsmeldungen, aber auch Bücher von bekannten Autoren, die die PfundsKur-Botschaft ins Gegenteil verkehren. „Kohlenhydrate machen dick, Fett macht schlank“, heißt es da. Wenn Sie das lesen, müssen Sie die PfundsKur für Unsinn halten. Schlimmer noch, für eine gesundheitsgefährdende Botschaft.

Was ist dran an der Gegenbotschaft?

Die Amerikaner essen laut Statistik weniger Fett, nehmen aber im Durchschnitt an Gewicht zu. Diesen Zusammenhang erforschte US-Professor Walter Willet in einer Studie, auf die von den Anhängern der „Fett-macht-schlank“-Theorie immer wieder gerne verwiesen wird. Allerdings belegt die Studie nicht, dass es die gleichen Menschen sind, die weniger Fett essen und trotzdem zunehmen. Was im Volksdurchschnitt stimmt, muss im Einzelfall noch lange nicht stimmen.

Info

Erfolgreiche Abnehmer

In den USA wird eine Datenbank geführt, mit den Angaben von Menschen, die nach einer Gewichtsabnahme jahrelang erfolgreich ihr Gewicht gehalten haben. Befragt nach den wesentlichen Änderungen, die diese Menschen vorgenommen und beibehalten haben, nannten die meisten Fettreduktion und weniger Restaurantbesuche (in den USA meist Fast-Food-Ketten) sowie mehr Bewegung. Auch im Hinblick auf diese positiven Erfahrungen von Hunderten ehemals Übergewichtiger ist es nur schwer nachzuvollziehen, warum gerade mit mehr Fett und Eiweiß das Übergewicht bekämpft werden soll.

Was stützt die PfundsKur-Botschaft?

- Die Erfahrungen der Teilnehmer:

Die PfundsKur gibt es schon seit vielen Jahren. Hunderttausende haben bereits erfolgreich mitgemacht und während der zehn Wochen im Schnitt zehn Pfund abgenommen. Auch unsere Auswertung der 200 000 Tagebücher „Essen & Trinken“ (siehe Seite 21) zeigte, dass gerade Übergewichtige deutlich mehr Fett, aber weniger Kohlenhydrate konsumieren. Zu diesem Ergebnis gelangten ebenfalls eine große nationale Verzehrsstudie in Deutschland sowie das internationale MONICA-Projekt.

- Die Stiftung Warentest:

Sie vergab an die PfundsKur das beste Testurteil: „Uneingeschränkt empfehlenswert“.

- Meta-Analyse von Prof. Arne Astrup:

Wissenschaftliche Studien beweisen, dass fettkontrollierte, aber kohlenhydratliberale Ernährung zur Gewichtsabnahme führt. Dies ergab Professor Astrups Auswertung von 17 internationalen Studien, in denen die Patienten Kohlenhydrate ad libitum (unbeschränkt) essen konnten, aber ihren Fettkonsum kontrollieren mussten. Die Patienten erzielten keine Abnahmerekorde, aber sie nahmen ab (und nicht zu!).

- Die CARMEN-Studie:

In fünf Forschungszentren in England, Deutschland, Dänemark, Spanien und den Niederlanden wurde eine große Studie unter realitätsnahen Bedingungen durchgeführt, die zu einem ähnlichen Ergebnis gelangte. Hier zeigte sich zudem, dass auch die Art der verzehrten Kohlenhydrate keinen signifikanten Effekt auf die Gewichtsabnahme hatte.

- Klinische Studien:

Zahlreiche klinische Studien, die eine kalorienbegrenzte Diät gegen eine fettnormalisierte, kohlenhydratliberale Ernährung testeten, stützen das PfundsKur-Prinzip. Eine Studie konnte zwar beweisen, dass Kalorienzählen zur Gewichtsabnahme führt, aber nur mit schlechtem Sättigungsgefühl, negativer Geschmacksbewertung und eingeschränkter Lebensqualität. Trainings, die die Patienten schulen, nicht mehr als 1000 bis 1200 Kalorien pro Tag zu essen, zeigen auch, dass sich langfristig der Jo-Jo-Effekt einstellt. Eine Gewichtsabnahme durch reines „Kalorienzählen" ist nur anfangs zu beobachten.

Ursache oder Wirkung?

Nun könnte man einwenden, dass auch diese Studien nur einen Zusammenhang feststellen, ohne die Ursache belegen zu können. Es ist aber sehr nahe liegend anzunehmen, dass der überdurchschnittlich hohe Fett- und der unterdurchschnittlich niedrige Kohlenhydratverzehr die übergewichtigen Menschen zunehmen ließen. Zum Beispiel war in der Nachkriegszeit Fett teuer und knapp, der Alltag bewegungsreich. Übergewicht und Herzinfarkt waren überaus selten. Auch in Regionen, in denen bis heute relativ wenig Fett verzehrt wird, wie etwa in Asien, ist Übergewicht eher die Ausnahme.

Übertriebene Kritik

In der Ärztezeitschrift „Der Kassenarzt" wird gegen die PfundsKur gewettert. „Spiritus rector der Aktion ist Professor Volker Pudel, der Papst der Kohlenhydrat-Mast. Man müsse mehr essen, wenn man abnehmen wolle ..."

Natürlich müssen Sie mehr essen, wenn Sie abnehmen wollen. Aber bitte verstehen Sie diesen Satz richtig: „Mehr essen" bedeutet in diesem Fall mehr Menge, weniger Energie – schließlich wollen wir alle satt werden. Sie erinnern sich: Mit acht Schokotrüffeln fällt das Sattwerden viel schwerer als mit sechs Bananen. Aber wo, bitte schön, gibt es in diesem PfundsKur-Buch auch nur einen einzigen Satz, in dem ich Sie zur Mästung mit Kohlenhydraten aufrufe?

Wer allerdings bei der PfundsKur nur mit einem Ohr hinhört und mehr Kohlenhydrate isst, ohne seinen Fettkonsum zu reduzieren, der wird zunehmen. Wer abnehmen will, muss weniger Energie, sprich weniger Kalorien aufnehmen, als sein Organismus verbraucht – das ist ein Naturgesetz. Kurzfristig gelingt dies auch, wenn Sie sich alle Kohlenhydrate verbieten und damit Dr. Robert Atkins folgen. Aber das ist kein guter Ratschlag für längere Zeit, denn Butter, Wurst, Speck und Spiegelei zum Frühstück ohne Brot halten Sie nicht durch. Kaloriensparen können Sie zwar mit vielen Diäten, auf die folgt aber meist das dicke Ende.

Die PfundsKur dagegen ist keine Diät, sondern ein Verhaltensentwurf für das ganze Leben. Darum fängt sie auch nur an, endet aber nie.

Liebe Leserin, lieber Leser,

Sie müssen selbst entscheiden, ob Sie mit der PfundsKur glücklich werden oder auf die „Low Carb"-Diät von Dr. Atkins vertrauen, der Ihnen Fett im Übermaß, aber keine Kohlenhydrate empfiehlt. Ich hoffe natürlich, die PfundsKur hat auch Sie überzeugt. Nutzen Sie Ihre Chance für die schlanke Linie!

Das PfundsKur-Prinzip ...

Info

- **heißt nicht, vollständig auf Fett zu verzichten, sondern den Fettkonsum zu normalisieren auf 60 bis 70 Gramm am Tag.**
- **heißt nicht, Kohlenhydrate zu essen, um Rekorde zu brechen, sondern den Kohlenhydratkonsum zu liberalisieren.**

Lebensmittel nach Gruppen

Lebensmittel	Fett	
Cornflakes, Müsli & Co.		
Hafer-, Getreideflocken; 1 Port. (30 g)	2	1
Cornflakes, Weizenflakes etc.	0	
Cerealien (gezuckert, mit Honig/Kakao); 1 Port. (30 g)	3	1
Cerealien (mit Zimt); 1 Port. (30 g)	3	1
Getreidetaschen, gefüllt	0	
Müsli (Früchte, Körner); 3 EL (45 g)	3	1
Müsli (Schoko, Nuss); 3 EL (45 g)	6	2
Müsliriegel (Frucht); 1 Riegel (25 g)	3	1
Müsliriegel (Nuss, Kokos, Schoko); 1 Riegel (25 g)	6	2
Brot & Brötchen		
Brötchen, weiß	0	
Roggenbrötchen	0	
Brötchen, Mehrkorn-; 1 Stück (60 g)	2	1
Vollkornbrötchen	0	
Laugenbrezel	0	
Camping-, Rosinen-, Schokobrötchen; 1 Stück (45 g)	3	1
Croissant; 1 Stück (45 g)	12	4
Graubrot, 2 Scheiben (100 g)	1	
Mehrkornbrot; 2 Scheiben (100 g)	2	1
Vollkornbrot; 2 Scheiben (100 g)	1	
Weißbrot, Toast	0	
Baguette, Fladenbrot, Ciabatta	0	
Knäckebrot	0	
Knusperbrot „leicht & cross", Reiswaffel	0	
Zwieback, eifrei	0	
Beilagen		
Kartoffeln, Salz-, Pell-	0	
Kartoffelpüree; 1 Port. (200 g)	3	1
Bratkartoffeln, in Öl gebraten; 1 Port. (200 g)	11	4
Klöße, Knödel	0	
Kartoffelpuffer, in Öl gebraten; 1 Stück (50 g)	6	2
Pommes, frittiert; 1 Port. (100 g)	17	6
Backofen-Pommes; 1 Port. (100 g)	5	2
Kroketten, frittiert; 1 Port. (100 g)	8	3
Backofen-Kroketten; 1 Port. (100 g)	3	1
Reis, Vollkorn-	0	
Nudeln, Vollkorn-	0	
Spätzle, gekocht; 1 Port. (150 g)	6	2
Maultaschen; 1 Stück (50 g)	3	1

Lebensmittel	Fett	
Hülsenfrüchte		
Erbsen	0	
Linsen, getrocknet	0	
Sojabohnen, getrocknet; 1 Port. (60 g)	11	4
Bohnen, getrocknet	0	
Nüsse und Samen		
Nüsse, Samen i. D.*; 1 Port. (50 g)	25	8
Edelkastanien, Maronen	0	
Studentenfutter; 1 Port. (50 g)	14	5
Sonnenblumen-, Kürbiskerne, Pistazienkerne; 1 Port. (50 g)	30	10
Obst		
Obst, frisch	0	
Obstsalat	0	
Obstkonserven	0	
Trockenobst	0	
Gemüse & Rohkost		
Gemüse, roh und gegart	0	
Rohkost	0	
Blattsalate	0	
Krautsalat mit Öl; 1 Port. (70 g)	3	1
Avocado; 1/2 Stück (100 g)	23	8
Oliven, grün; 7 Stück (21 g)	3	1
Oliven, schwarz; 7 Stück (21 g)	7	2
Rahmgemüse TK*, Pfannengemüse TK*; 1 Port. (200 g)	7	2
Rahmspinat TK*; 1 Port. (200 g)	7	2
Salate		
Reissalat mit Äpfeln und Curry; 1 Port. (250 g)	5	2
Kartoffelsalat mit Mayonnaise, 80 % Fett; 1 Port. (250 g)	21	7
Kartoffelsalat mit Öl; 1 Port. (250 g)	9	3
Nudelsalat mit Mayonnaise, 80 % Fett; 1 Port. (250 g)	21	7
Feinkostsalate; 3 EL (90 g)	12	4
Zigeunersalat, ohne Fleisch	6	2
Salatsoßen		
Vinaigrette (Essig & Öl); 1 EL (15 g)	6	2
Joghurtsoße; 1 EL (15 g)	2	1
Sahnesoße; 1 EL (15 g)	3	1
Cocktail-Dressing; 1 EL (15 g)	9	3
French-Dressing; 1 EL (15 g)	3	1
Italian-Dressing; 1 EL (15 g)	3	1
Fix für Salatsoße; 1 EL (15 g)	3	1

In der Spalte „Fett" finden Sie jeweils die Angaben zum Fettgehalt pro Portion (g). Die Fettaugenzahl ist gerundet.
*i.D.-im Durchschnitt, TK-Tiefkühlkost

Lebensmittel	Fett	
Brotaufstriche, süß		
Honig	0	
Marmelade, Gelee	0	
Pflaumenmus	0	
Rüben-, Birnen- und Apfelkraut	0	
Erdnussbutter, Nussmus; 1 EL (20 g)	8	3
Nuss-Nougat-Creme; 1 EL (20 g)	6	2
Brotaufstriche, pikant		
vegetarische Aufstriche; 1 Port. (25 g)	6	2
Tofupastete mit Gemüse; 1 Port. (25 g)	8	3
Kräuter-Pastete; 1 Port. (25 g)	4	1
Joghurt-Aufstrich; 1 EL (20 g)	3	1
Fette und Öle		
Butter; 1 TL (4 g)	3	1
Halbfettbutter; 1 TL (4 g)	2	1
Margarine; 1 TL (4 g)	2	1
Halbfettmargarine; 1 TL (4 g)	2	1
Pflanzenöl; 1 EL (12 g)	12	4
Schmalz; 1 EL (12 g)	12	4
Sonstige Fette		
Salatmayonnaise, 28 % Fett; 1 EL (15 g)	3	1
Salatmayonnaise, 35 % Fett; 1 EL (15 g)	6	2
Salatmayonnaise, Remoulade, 50 % Fett; 1 EL (15 g)	9	3
Mayonnaise, Remoulade, 80 % Fett; 1 EL (15 g)	12	4
Eier und Eierspeisen		
Ei, gekocht; 1 Stück	7	2
Rührei, Spiegelei, mit 4 g Fett gebr.; 1 Stück	11	4
Eierpfannkuchen, gebr.; 1 Stück (100 g)	10	3
Milch und Milchprodukte		
Vollmilch, 3,5 % Fett; 1 Glas (200 ml)	7	2
Milch, fettarm; 1 Glas (200 ml)	3	1
Milch, entrahmt	0	
Kondensmilch, 4 % Fett; 2 EL (20 g)	1	
Kondensmilch, 7,5 % Fett; 2 EL (20 g)	2	1
Kondensmilch, 10 % Fett; 2 EL (20 g)	2	1
Buttermilch	0	
Joghurt, Dickmilch, Kefir, 0,3 %	0	
Joghurt, Dickmilch, Kefir, 1,5 %; 1 Becher (150 g)	2	1
Joghurt, Dickmilch, Kefir, 3,5 %; 1 Becher (150 g)	5	2
Sahnejoghurt, Kefir, 10 %; 1 Becher (150 g)	15	5
Zaziki; 1 Port. (75 g)	2	1

Lebensmittel	Fett	
Magerquark	0	
Speisequark, Schichtkäse, 10 % Fett i.Tr.	0	
Speisequark, Schicht-, Hüttenkäse, 20 % Fett i.Tr.; 2 EL (60 g)	4	1
Sahnequark, Schichtkäse, 40 % Fett i.Tr.; 2 EL (60 g)	8	3
Sahne, geschlagen, 30 % Fett; 1 geh. EL (15 g)	5	2
Saure Sahne, 10 % Fett; 1 EL (15 g)	2	1
Schmand, 24 % Fett; 1 EL (15 g)	4	1
Crème fraîche, 40 % Fett; 1 EL (15 g)	6	2
Buttermilch-Frischkäse, 6 % Fett; 1 geh. EL (30 g)	2	1
Frischkäse, 40 % Fett i.Tr.; 1 geh. EL (30 g)	3	1
Frischkäse (Doppelrahm), 60 % Fett i.Tr.; 1 geh. EL (30 g)	8	3
Käse		
Schnittkäse, „leicht“, 30 % Fett i.Tr.; 1 Scheibe (30 g)	5	2
Schnittkäse, 45 % Fett i.Tr.; 1 Scheibe (30 g)	9	3
Schnittkäse, 60 % Fett i.Tr.; 1 Scheibe (30 g)	11	4
Camembert, 10 % Fett i.Tr.; 1 Scheibe (30 g)	1	
Camembert, Brie, 30 % Fett i.Tr.; 1 Port. (30 g)	4	1
Camembert, Brie, Schimmelkäse, 45 % Fett i. Tr.; 1 Port. (30 g)	7	2
Camembert, Brie, 70 % Fett i.Tr.; 1 Port. (30 g)	12	4
Romadur, Limburger, 20 % Fett i.Tr.; 1 Port. (30 g)	3	1
Romadur, Limburger, 50 % Fett i.Tr.; 1 Port. (30 g)	7	2
Harzer, Kochkäse, mager etc.	0	
Mascarpone, 80 % Fett i.Tr.; 1 Port. (50 g)	21	7
Mozzarella, 45 % Fett i.Tr.; 1 Port. (50 g)	8	3
Schmelzkäse, 20 % Fett i.Tr.; 1 Port. (30 g)	2	1
Schmelzkäse, 45 % Fett i.Tr.; 1 Port. (30 g)	7	2
Scheiblettenkäse, 20 % Fett i.Tr.; 1 Scheibe (30 g)	2	1
Scheiblettenkäse, 48 % Fett i.Tr.; 1 Scheibe (30 g)	5	2
Feta, Schafskäse, 45 % Fett i.Tr.; 1 Port. (30 g)	5	2
Wurst/Aufschnitt		
Leberwurst, -pastete; 1 Port. (30 g)	12	4
Leberwurst „leicht“; 1 Port. (30 g)	6	2

In der Spalte „Fett“ finden Sie jeweils die Angaben zum Fettgehalt pro Portion (g). Die Fettaugenzahl ist gerundet.
*i.D.-im Durchschnitt, TK-Tiefkühlkost

Lebensmittel	Fett	
Teewurst; 1 Port. (30 g)	11	4
Salami, Cervelat etc.; 1 gr. Scheibe	12	4
Salami, Cervelat „leicht“; 1 gr. Scheibe	8	3
Lachsschinken; 4 kl. Scheiben	2	1
Schinken, roh; 1 Scheibe	7	2
Schinken, gekocht; 1 Scheibe	2	1
Hähnchen-, Putenbrust, Geflügelsülze; 1 Scheibe	3	1
Fleischwurst; 1 Scheibe	8	3
Leberkäse-Aufschnitt; 1 Scheibe	12	4
Blutwurst; 1 Scheibe	6	2
Bierschinken, Corned Beef; 1 Scheibe	3	1
Mortadella; 1 Scheibe	9	3
Geflügelaufschnitt; 1 Scheibe	4	1
vegetarischer Aufschnitt; 1 Scheibe	6	2
Fleisch und Fleischwaren[+]		
Braten, Rind, mittelfett; 1 Port. (125 g)	9	3
Roulade mit Füllung; 1 Port. (150 g)	11	4
Filet, Rind; 1 Port. (125 g)	5	2
Braten, Schwein, mittelfett; 1 Port. (125 g)	14	5
Kotelett, Schnitzel (Schwein); 1 Port. (125 g)	6	2
Schnitzel, Cordon bleu (Schwein), paniert; 1 Port. (150 g)	17	6
Kasseler; 1 Port. (125 g)	4	1
Geschnetzeltes, Gulasch; 1 Port. (150 g)	13	4
Hähnchen, Ente, gebraten; 1 Port. (125 g)	12	4
Putenbrust, -schnitzel; 1 Port. (150 g)	1	
Putenschnitzel, paniert; 1 Port. (150 g)	11	4
Frikadelle, gebraten; 1 Stück (125 g)	22	7
Bratwurst, Currywurst; 1 Stück (150 g)	43	14
Bockwurst; 1 Stück (100 g)	26	9
Wiener Würstchen; 1 Stück (50 g)	12	4
Leberkäse, gebraten; 1 Scheibe (125 g)	34	11
Mett, Schwein; 1 Port. (50 g)	12	4
Gemischtes Hack; 1 Port. (50 g)	9	3
Tatar, Rind, mager; 1 Port. (50 g)	2	1
Fisch und Fischwaren[+]		
Fischfilet, Kabeljau, Seelachs; 1 Stück (150 g)	1	
Fischfilet, paniert; 1 Stück (150 g)	16	5
Fischstäbchen; 5 Stück (150 g)	12	4
Aal, geräuchert; 1 Port. (100 g)	33	11
Heilbutt, Lachs, Makrele, geräuchert; 1 Port. (100 g)	17	6
Forelle, geräuchert; 1 Port. (100 g)	5	2

Lebensmittel	Fett	
Schlemmerfilet; 1 Port. (200 g)	22	7
Calamares frites; 1 Port. (200 g)	20	7
Schalentiere, Muscheln; 1 Port. (100 g)	2	1
Hering in Tomaten-, Senfsoße; 1 Port. (100 g)	15	5
Hering in Delikatess-Soße; 1 Port. (100 g)	20	7
Thunfisch im eigenen Saft; 1 Port. (100 g)	15	5
Thunfisch in Öl; 1 Port. (100 g)	20	7
Suppen		
klare Suppe ohne Fleischeinlage; 1 Port. (250 g)	2	1
klare Suppe mit Fleischeinlage; 1 Port. (250 g)	5	2
Suppe, gebunden; 1 Port. (250 g)	6	2
Suppe, gebunden mit Sahne; 1 Port. (250 g)	17	6
Eintopf ohne Fleisch; 1 Port. (250 g)	7	2
Eintopf mit Fleisch/Würstchen; 1 Port. (250 g)	14	5
Soßen		
Ketchup, Senf, Grill-, Würzsoßen	0	
Bratensoße, hell und dunkel; 1 Port. (60 ml)	2	1
Bratensoße mit Sahne; 1 Port. (60 ml)	5	2
Tomatensoße; 1 Port. (60 ml)	3	1
Zubereitung für Sauce hollandaise, béarnaise, verzehrfertig; 1 Port. (60 ml)	27	9
Sahnesoße; 1 Port. (60 ml)	16	5
Fertiggerichte		
Ravioli, Tortellini; 1 Port. (300 g)	19	6
Spaghetti Bolognese; 1 Port. (300 g)	13	4
Lasagne; 1 Port. (300 g)	14	5
Risotto; 1 Port. (200 g)	7	2
Gemüse mit Reis, TK*	0	
Chili con Carne; 1 Port. (300 g)	11	4
Hühnerfrikassee; 1 Port. (150 g)	6	2
Pizza i.D.*; 1 Port. (350 g)	35	12
Hawaii-Toast; 1 Stück (125 g)	24	8
Gemüse-, Tofu-, Getreidebratling; 1 Stück (100 g)	8	3
Frühlingsrolle im Backofen; 1 Stück (150 g)	2	1
asiatische Reisgerichte i.D.*; 1 Port. (200 g)	8	3
Quiche, Zwiebelkuchen etc.; 1 Port. (200 g)	28	9
Kartoffel-Gemüse-Gratin; 1 Port. (300 g)	21	7
Fast Food		
Big Mac; 1 Stück (267 g)	26	9
Hamburger; 1 Stück (103 g)	9	3
Cheeseburger; 1 Stück (117 g)	13	4

In der Spalte „Fett“ finden Sie jeweils die Angaben zum Fettgehalt pro Portion (g). Die Fettaugenzahl ist gerundet.
*i.D.-im Durchschnitt, TK-Tiefkühlkost [+]Zubereitungsfett hinzurechnen (5-10 g)

Lebensmittel	Fett	Fettaugen
Gemüse-Mac; 1 Stück (200 g)	20	7
Döner Kebab; 1 Stück (250 g)	30	10
Chicken McNuggets; 6 Stück	12	4
Pommes frites; 1 Port. (100 g)	16	5
Apfel-, Kirschtasche; 1 Stück (80 g)	13	4
Milchshake, Vanille; 1 Becher (240 ml)	8	3
McSundae Eis i.D.*; 1 Port. (150 g)	6	2
Nachspeisen und Speiseeis		
Rote Grütze, Götterspeise, Kaltschale	0	
Kompott, Apfelmus	0	
Vanille-, Schoko-, Grießpudding, Milchreis i.D.*; 1 Port. (150 g)	6	2
Mousse; 1 Port. (150 g)	20	7
Frucht-, Wassereis	0	
Softeis; 1 Port. (50 g)	3	1
Milcheis; 1 Kugel (75 g)	2	1
Eiscreme; 1 Kugel (75 g)	8	3
Tiramisu; 1 Port. (150 g)	17	6
Kuchen und Gebäck		
Obstkuchen, Hefeteig; 1 Stück (100 g)	3	1
Obsttorte, Biskuitteig; 1 Stück (100 g)	6	2
Obstkuchen gedeckt, Mürbeteig; 1 Stück (100 g)	8	3
Obstkuchen, Rührteig; 1 Stück (100 g)	12	4
Marmor-, Schoko-, Sandkuchen, Rührteig; 1 Stück (70 g)	12	4
Hefezopf; 1 Stück (70 g)	6	2
Käsekuchen; 1 Stück (100 g)	8	3
Hefeteilchen, Plundergebäck mit Früchten, Quark, Pudding etc. i.D.*; 1 Stück (100 g)	4	1
Blätterteigteilchen, gefüllt mit Früchten; 1 Stück (100 g)	9	3
Blätterteigteilchen, gefüllt mit Nuss; 1 Stück (100 g)	14	5
Berliner, Krapfen; 1 Stück (60 g)	8	3
Butter-, Streuselkuchen; 1 Stück (60 g)	10	3
Sahnetorte; 1 Stück (120 g)	25	8
Windbeutel mit Sahne; 1 Stück (100 g)	19	6
Kekse		
Butterkekse; 5 Stück	2	1
Butterkeks, gefüllt mit Schoko; 5 Stück	5	2
Doppelkeks, Prinzenrolle; 1 Stück	5	2
Russisch Brot	0	
Eiswaffeln	0	
Löffelbiskuit	0	

Lebensmittel	Fett	Fettaugen
Süßigkeiten		
Kaugummi, Bonbons i.D.*	0	
Fruchtgummi	0	
Schaumzucker, Marshmallows	0	
Lakritze, Schnecken, Lakritzkonfekt	0	
Pralinen i.D.* ohne Alkohol; 1 Stück (12 g)	4	1
Pralinen i.D.* mit Alkohol; 1 Stück (12 g)	2	1
Schokolade i.D.*; 1 Riegel (18 g)	6	2
Schokoriegel i.D.*; 1 Stück (60 g)	16	5
Toffee i.D.*; 1 Stück (5 g)	1	
Mohrenkopf; 1 Stück (20 g)	3	1
Milchschnitte; 1 Stück	9	3
Dragées oder Nüsse mit Schokoladenüberzug; 1 Port. (30 g)	9	3
Marzipan; 1 Port. (50 g)	9	3
Nougat; 1 Port. (50 g)	10	3
Popcorn, Rice Crispies, Puffreis; 1 Port. (50 g)	2	1
Salzige Snacks		
Chips; 1 Port. (25 g)	10	3
Flips; 1 Port. (25 g)	9	3
Salzstangen und -brezeln; 1 Port. (50g)	3	1
Salzgebäck, Kräcker; 1 Port. (50 g)	3	1
Erdnüsse, andere Nüsse; 1 Port. (50 g)	24	8
Käsegebäck, Tuc; 1 Port. (50 g)	19	6
Reisgebäck; 1 Port. (50 g)	4	1
Getränke warm & kalt		
Mineralwasser	0	
Kräuter-, Früchte- und schwarzer Tee	0	
Kaffee, Caro-, Getreidekaffee	0	
Fruchtsaft	0	
Softdrinks und Limonade	0	
Malzbier, alkoholfreies Bier	0	
Alkoholische Getränke		
Pils, hell und dunkel; 0,3 l	0	3
Altbier; 0,3 l	0	3
Starkbier; 0,3 l	0	5
Bier, light; 0,3 l	0	1
Hefeweizen, Kristallweizen; 0,5 l	0	5
Rotwein, Weißwein, Sekt; 0,25 l	0	5
Obstwein, Apfelwein; 0,25 l	0	2
Weinschorle; 0,25 l	0	2
Sherry; 5 cl	0	2
Likör; 2 cl	0	2
Spirituosen (30–40 Vol. %); 2 cl	0	2

In der Spalte „Fett" finden Sie jeweils die Angaben zum Fettgehalt pro Portion (g). Die Fettaugenzahl ist gerundet.
*i.D.-im Durchschnitt, TK-Tiefkühlkost

Ein pfundiges Rezept von Ewald Braden

Putenstreifen mit Gemüse

pro Portion 3 Fettaugen (9 g Fett)
Vorbereiten: 20 Minuten
Garen: 10 Minuten

Zutaten für 2 Portionen:
240 g Putenschnitzel
1 TL Öl
Salz, Pfeffer
je 100 g Möhren, Sellerieknolle, Lauch
100 ml Gemüsebrühe
etwas Estragon
50 g Schmand
100 ml Milch, 1,5 % Fett
etwas Schnittlauch

Zubereitung:
● Die Putenschnitzel in ein Zentimeter breite Streifen schneiden. Mit Öl, Salz und Pfeffer marinieren. Möhren und Sellerie schälen. Den Lauch halbieren und waschen. Das Gemüse in feine Streifen schneiden oder raspeln.
● Gemüsebrühe und Gemüse in einen Topf geben, mit Salz, Estragon und Pfeffer würzen und zwei Minuten zugedeckt kochen lassen. Schmand und Milch zugeben, abschmecken und zugedeckt beiseite stellen. Schnittlauch in Röllchen schneiden.
● Eine beschichtete Pfanne ohne Fett erhitzen und die gewürzten Putenbruststreifen bei großer Hitze zwei Minuten anbraten. Putenbruststreifen und Sahnegemüse vermengen (nicht mehr kochen lassen!) und mit den Schnittlauchröllchen bestreut servieren.

EWALD BRADEN – PFUNDSKUR-KOCH & AUTOR

Liebe Leserin, lieber Leser,

ich heiße Ewald Braden und lade Sie ein, mit mir die PfundsKur-Küche zu besuchen: Lassen Sie uns gemeinsam kochen, mit mehr Geschmack und weniger Fett. Schöpfen Sie mit mir die Fettaugen ab und seien Sie überrascht, wie schmackhaft Fettsparen und Abnehmen sein können. Probieren Sie doch mal meine köstlichen „Putenstreifen mit Gemüse" aus. Wirklich lecker und nur neun Gramm Fett.

Habe ich Sie auf den Geschmack gebracht?
Dann ist das „PfundsKur-Kochbuch" genau das richtige für Sie.

Noch mehr originelle Rezepte finden Sie in meinem neuen Buch „So kriegst du dein Fett weg": köstliche Suppen und Pastagerichte, leckere Fisch- und Fleischrezepte und natürlich auch feine Kuchen und Desserts. Die beiden Bücher ergänzen sich hervorragend und bringen Sie schlank und fit durchs ganze Jahr. Ich wünsche Ihnen viel Kochvergnügen damit.

Herzliche Grüße aus der gesunden Küche

Ihr Ewald Braden

PS: Bestellen können Sie das „PfundsKur-Kochbuch" und „So kriegst du dein Fett weg" im Buchhandel oder direkt beim Hampp Verlag in Stuttgart unter: www.hamppverlag.de oder per Telefon 0711/78292-140

PfundsKur – Das Kochbuch
160 Seiten, Broschur
ISBN: 3-930723-55-7

So kriegst du dein Fett weg
256 Seiten, gebunden
ISBN: 3-930723-05-0

AOK. Wir tun mehr.
Uns schmeckt das kerngesunde Leben.
Als Sie klein waren, fanden Sie es ganz selbstverständlich, gesund zu sein. Heute wissen Sie, dass Sie etwas dafür tun müssen. Wir helfen Ihnen dabei. Mit vielen AOK-Angeboten vor Ort und mit individueller Beratung durch unsere Ernährungs- und Fitness-Experten.
Informationen unter 01801/26 50 00 oder www.aok-sachsen.de
AOK
Die Gesundheitskasse.

WAS SACHSEN BEWEGT.
mdr
SACHSEN SPIEGEL
Täglich 19.00 Uhr
Bleiben Sie glücklich.
mdr
1 RADIO SACHSEN
Der Heimatsender